谁都可以成为滑雪专家 2

[奥] 哈拉尔德·R.哈布　著

赵可伟　张　引　主译

北京科学技术出版社

著作权合同登记号　图字：01-2017-6321

图书在版编目（CIP）数据

谁都可以成为滑雪专家 . 2 /（奥）哈拉尔德·R. 哈布著；赵可伟，张引主译 . — 北京：北京科学技术出版社，2023.12

书名原文：Anyone Can Be An Expert Skier 2：Powder, Bumps, and Carving

ISBN 978-7-5304-9951-1

Ⅰ .①谁… Ⅱ .①哈… ②赵… ③张… Ⅲ .①雪上运动 Ⅳ .① G863.1

中国版本图书馆 CIP 数据核字 (2018) 第 257930 号

策划编辑：李 丹	网　　址：www.bkydw.cn
责任编辑：王 晖	印　　刷：北京博海升彩色印刷有限公司
责任印制：李 茗	开　　本：787 mm×1092 mm　1/16
封面设计：申 彪	字　　数：240 千
图文制作：八度出版服务机构	印　　张：11.75
出 版 人：曾庆宇	版　　次：2023 年 12 月第 1 版
出版发行：北京科学技术出版社	印　　次：2023 年 12 月第 1 次印刷
社　　址：北京西直门南大街 16 号	ISBN 978-7-5304-9951-1
邮政编码：100035	
电　　话：0086 – 10 – 66135495（总编室）	
0086 – 01 – 66113227（发行部）	

定　　价：88.00 元

关于作者

　　哈拉尔德·R.哈布是哈布滑雪系统公司的总裁。他生于奥地利，后来移居加拿大东部。他从小就渴望成为一名滑雪者，8岁那年在魁北克洛朗蒂德山区赢得人生中第一场比赛。他在18岁时代表加拿大国家滑雪队参加了他的第一次世界杯比赛，后来成为美国东部巡回赛职业滑雪总冠军。随后，他开始了执教生涯，并成为比赛项目的负责人。通过学习解剖学、运动学，并结合其执教经验，哈拉尔德对滑雪运动有了更好的理解。哈拉尔德带队或领衔的一些项目为美国培养了很多顶尖国家队队员和奥运会奖牌获得者。他还在格拉西尔克里克学院（Glacier Creek Academy）担任项目负责人，培养出了奥运金牌得主汤米·莫。

　　在执教20年后，哈拉尔德在美国国家示范队度过了4年。他还是PSIA（The Professional Ski Instructors of America）落基山分部的一名考官兼教练。通过与非专业滑雪者一起工作，他更确信目前的教学体系需改进。哈拉尔德还在Aspen和Telluride滑雪场提出并推广了"对齐能力"的中心概念。现在，他经营着自己的滑雪教学中心。哈拉尔德创建了基础动作教学体系（Primary Movements Teaching System，PMTS）和哈布滑雪者校准体系，使滑雪者可以学习动作、选择装备，并快速成长为高手。他已出版了5部滑雪相关主题的书。他的教学体系中已经发布了超过10万节课。基础动作教学体系平行指导理论是目前唯一应用的教学体系，与传统的犁式、犁式并腿转教学体系完全不同。

　　哈拉尔德发表了很多博客，在YouTube上传教学视频。哈拉尔德和罗伯特·欣特梅斯特博士（《基础动作教学体系指导手册》合著者）在2000年1月召开的第二届国际滑雪运动与科学大会（奥地利，圣克瑞斯多夫）上提出了基础动作教学体系双板完全平行教学体系和哈布滑雪者校准体系。基础动作教学体系双板完全平行教练协会是面向全世界滑雪教练进阶教学的非营利组织，哈拉尔德在其中担任技术总监。

您可以通过多种方式了解哈拉尔德和哈布滑雪体系的最新动态：

网站：harbskisystems.com

哈拉尔德的博客：harbskisysems.blogspot.com

PMTS论坛：pmts.org/pmtsforum

脸书：Harald Harb & Harb Ski Systems

推特：haraldharbski

致　谢

　　我希望将滑雪知识以文字和图片的形式呈现给读者，并将这种想法告诉了编辑。我希望这本书简单易懂。在第一本书《谁都可以成为滑雪专家》出版后，我决定写这本书。这本书耗时3年，希望可以帮助所有滑雪者提高水平。我们先从参赛者说起。参赛者和其他人一样需要学习滑雪，因为许多参赛选手同样需要掌握滑雪技巧。我总是在比赛前看到这种情景：教练和参赛者把时间浪费在了无谓的争吵上。我了解到，他们在最开始的几个旗门由于技术太差而浪费了时间。其实滑雪板在比赛中并不应该得到过多关注，只要能获得乐趣就好。

　　感谢这些年我指导过的人。我从他们身上学习到应该做什么、不应该做什么。虽然我的梦想从未实现，但我指导过的一些十二三岁的孩子参加了全国锦标赛、NCAA、奥运会、世界锦标赛，并且其中的一些人获得了奖牌。

　　同样感谢购买我第一本书的滑雪者。他们来到我的训练营，通过私人课程得到的收获超出了自己的预期，并迅速成长为熟练的滑雪者。他们力所能及地献身滑雪事业并致力于驱动滑雪事业长远发展。不过，对于一些问题他们并没有找到答案。正是这些滑雪者推动我写成了这本书。感谢你们给我致力于滑雪事业发展的机会，感谢信任。

　　鼓励和信任如同驱动力和毅力一样重要。基础动作教学体系发展至今仍拥有大量追随者，部分原因是因为基础动作教学体系拥有最好的教练，也有部分原因是他们读了我的书并按照书上的方法进行了系统的训练。

最大的支持和批评均来自我的搭档戴安娜·罗杰斯。戴安娜是一名航空工程师，同时也是一名出色的滑雪者和滑雪教练。她非常优秀，毕业于科罗拉多大学，并获得斯坦福大学的硕士学位。据我所知，她的教学方式简单易懂，滑雪者喜欢跟她学习且获益良多。她可以指导基础动作教学体系训练、教学及滑雪团队，具有高难度的事情在她手中会变得像做汤一样简单。戴安娜同样擅长图书排版设计及蒙太奇手法。她所编排的3本书，每本的排版都十分精良。

我的朋友兼同事鲍勃·欣特梅斯特拥有生物力学博士学位以及PTMS认证。这些证书使他成为有价值的指导者和基础动作教学体系的训练员。鲍勃在力学和人体构造方面的知识非常扎实、可靠。因为他的把关，我对我们的项目十分放心并且具有信心。鲍勃与我共同出席2001年国际滑雪运动与科学大会，并在大会上介绍了基础动作教学体系。这是我执教生涯的顶峰。来自全世界著名大学的著名科学家和调查者参与滑雪研究并探讨革新。我和鲍勃以极具说服力的解说向他们介绍了基础动作教学体系。鲍勃是这个高端学术论坛中最值得尊敬的成员。基础动作教学体系在科学领域中较高的发展地位主要源于鲍勃的贡献。

理查德·梅塞尔是滑雪界的偶像，同时也是我四十多年的老朋友。他在获得教育学学位后开始了他的滑雪生涯。他担任斯特拉顿山的技术总监期间我遇到了他。在佛蒙特州艾伦峡谷变成枫林之前，他曾是基础动作教学体系东部部门的审查员和主管。理查德获得了3个国家不同教学体系的认证并担任教练和考官，目前是基础动作教学体系平行指导教练中的教练和考官。据我所知，理查德是最好的滑雪运动评论员。在滑雪运动训练中，他从不错过关于滑雪动作或教学方法的细节，从一开始，他就为基础动作教学体系和我的书做出贡献。他本来打算退休，但我的书让他继续留在营地帮助我。

金姆·彼得森是基础动作教学体系的培训师兼顾问，拥有教育学博士学位。他同时也是基础动作教学体系教练手册的共同作者，为这本书的内容、编纂提出了宝贵建议。当我在冬季公园滑雪学校担任训练主任时，金姆向我介绍了他的滑雪指导手册。在滑雪学校，我立即聘任金姆为滑雪教练，并且一起工作到现在。

众多教练和滑雪者的支持，促进了基础动作教学体系的发展并帮助我完成了最近的一本书。感谢他们为滑雪和滑雪教学事业所做的一切。

更加感谢戴安娜的父母玛丽和罗德·罗杰斯，感谢他们帮助编辑这本书。

前　言

事实上，你手中拿着这本书（并且正在阅读前言）就证明你是一个认真的滑雪学生。即使这只是你第二本关于滑雪的书（假设《谁都可以成为滑雪专家》是你的第一本），你也会意识到你拥有强大的工具。这本书并没有绕开身体因素和解剖学方面的知识，相反，《谁都可以成为滑雪专家2》会教你用这些知识解决你遇到的问题。

滑雪被认为是简单的运动。许多滑雪教师都呼吁尽量减少复杂的思维，简化并减少不相关的概念。"保持简单"这个定理可能是有用的，它可以减少术语的限制，为粗心的指导者提供便利，但是这个定理不会精简或削减物理的定律。的确，滑雪运动员的身体结构并没有改变，因此滑雪教师教导他们学习滑雪是一件简单的事。同样，身体的定律也不会因为滑雪者试着了解它们而改变。

在阅读本书的过程中，你可以期望了解更多关于滑雪的共同要素，你可以预见性地了解到滑雪者在各种情况下的运动模式，并且可以在任何情况下都能灵活应用这些滑雪动作。的确，这本书通过引入新的词汇和创新练习定义了如何成为一名全能的滑雪者。

哈拉尔德可以在任何时间、任何场所中辨认出进行运动的成功要素。你可能早就知道这些要素被称为"滑雪的基础动作"。"PMTS"（primary movements teaching system）的基础是"P"，它的主要含义是：其他一切事物的基础。

学习滑雪一直被一些陈词滥调所困扰。从定义上讲，"陈词滥调"是一种过度使用的说法，有一些话语已经没有了存在的意义。思考一下"将你滑雪板的重心放在指导你前进的方向上"这句话的意义。每一位初学者的指导教练都应该知道，许多第一次练习的人拥有一种不可思议的能力：他们走上小山，以加速度从小山上滑下来。但当你在向下坡滑雪压力增大时，滑雪板会并拢到一起吗？很明显，一些滑雪者的身体并不会发生这样的状况。

练习也有可能成为多余。要成为一个滑雪高手需要多少个"自行车式转弯"？多远才能称之为"千步"？虽然这些练习可能会在一部分滑雪者中产生良好的效果，但并非每位滑雪者都需要。事实上，这些过度的滑雪运动已经变成健美操，难怪很多滑雪者已经开始厌倦，"开合跳"和"风速冲刺"也不能令他兴奋。你会发现，在滑雪的过程中，训练目标也相应会产生变化。

这本书是我多年经验的总结，是经过仔细分析、多次试验和大量反馈而写成的。本书所载的说明，保证简洁准确。你会发现这些描述都是可靠的。你不仅能够更好地了解滑雪，还能与你的朋友分享滑雪专业词汇。滑雪者拥有共同的语言，传达准确的含义，并在所有情况下适用。正如你所料，这些描述并不是简单的，但总是正确的。

除了滑雪的专业词汇之外，哈拉尔德还开发出了基础动作。像背单词一样，练习也不是容易的。这些练习确定基础动作的组成部分，并提供一种使运动成为习惯的方式。掌握知识和不断练习将提高你在任何时间、任何地点控制运动的能力。多才多艺是区分专业滑雪者与业余滑雪者的方法。掌握这本书中所包含的要领，就如同间接地从滑雪课程中节省了巨大的资金。

本书在具备通用性的同时也增加了实用性。你能想象一架飞机只能在天气状况良好时才能航行吗？或者说一架飞机能完美地起飞却不能着陆吗？可以肯定的是，你一定不想登上这样一架飞机。滑雪者选择滑雪课程的首要条件是在任何时间、任何地点都能轻松掌握滑雪能力。也许你已经注意到自己在逃避一些地形和特殊条件下的滑雪，你一旦掌握本书所提到的词汇和动作，它们将会增加你滑雪的自由度。想象一下，也许快速滑雪一直让你害怕，但通过本书的学习，当你需要的时候，你就能够转弯、保持平衡或者停止。只有通过准确的描述和相关练习，才能拥有信心。现在你可以滑过雪山而不是被雪山阻挡你滑雪。

PMTS的"T"也很重要。基础动作不能在中级阶段进行沟通或多次概括总结。基础动作精度和准确性决定了后续身体传送体系的精度和准确性。因此，我采用了一种经验总结的方法来形成基础动作教学体系。在做基础动作时，你可以回忆过去的经验，并创造出新的内容。滑雪者通过组合新的经验词汇对于经验的回忆能力也将增加。

滑雪中的发力点没有改变，参与滑雪的身体部位也没有改变。这些东西都是驱动滑雪运动顺利进行的第一要素。一些滑雪教师认为，基础动作教学体系只是一个讲述滑雪者经验的体系。这些天真的批评类似于这样的结论：滑雪和钓鱼都差不多，因为它们都是用杆。虽然身体的部分或物理定律并未改变，但这些原则的理解和应用将使你在滑雪世界独一无二。这本书与以前的滑雪潮流相比，在于词汇、练习、精确度和准确性，如同对衣领的宽度、裤腿的大小、时尚的颜色和发型的描述一样，对滑雪的时髦描述同样在不停转变。就像裤子总是有两条腿、衣领总是在脖子上的某处一样，滑雪的主要动作是可靠的、准确的、可以判断的。

一些滑雪教师从未尝试寻找基础动作的成功和重要性，因此怀疑这个体系没有改变重心的力量、速度和影响摩擦力的作用。地球的形状从未改变，但与哥伦布同时代的人却不相信它是圆的。信仰和信仰体系分属于哲学和宗教领域。滑雪传道者以信仰为基础，对于滑雪者拥有某种极具吸引力的承诺，可以从滑雪者到滑雪运动员，从一种身份转移到另一种专业的身份。信念影响动力，但不要轻视运动的重要性。

专业滑雪运动需要专家收集运动数据，了解滑雪关键部位和主要内容，并加上基础动作，形成对滑雪的基本描述。理解基础动作的表现是什么，结合运动，可以增加你的滑雪动力。

重力、动量、惯性和速度与肌肉、韧带、骨骼结合在一起，共同描述滑雪运动。事实、真理、现实和理解结合起来，创造对滑雪理念的认同。这些现实不会因为信仰而改变。未来滑雪教学依然是这样的。虽然滑雪信仰的传道者强加在无辜的听众身上的说教与对滑雪的描述不同，但目的是相同的，都是希望滑雪者能够掌握滑雪运动。最后，我们必须得出结论：滑雪是急速上升的科学，我们可以驾驭它。

金姆·皮德森
2000年10月

目　录

第一章
好的技术使学习更有效

打开滑雪新方式

  提高滑雪水平，是滑雪者的需求。基础动作教学体系平行指导理论提供创新的方法，帮助滑雪者以更快、更轻松的方式实现进步。简单地说，通过学习基础动作教学体系你将获得生物力学的优势。

  在我第一本书《谁都可以成为滑雪专家》中展示了这个新方法：滑雪板形状的改变可以使一个滑雪新手进阶到专业滑雪者。读者对那本书反应热烈。以下是我收集到的一些典型评论：

- 我从这本书中学习到的滑雪知识比别的滑雪课程要多得多。
- 尝试过"幻影移动"后，我的滑雪技术进步了不少。
- 这才是值得传授的技术。
- 我是初学者，我应该从这本书的哪一部分开始学习？

  这本书是基于基础动作教学体系的扩展，帮助高级、中级滑雪者在任何条件下进阶为专家级滑雪者。书中所有技巧都是在我自身学习和基础动作教学体系发展的基础上总结而成的。63岁时，滑雪在我的生活中依然无处不在。在这项新技术的帮助下，所有滑雪者都能提高他们的滑雪水平，因为年龄不再是一个限制。即使是受过伤或是技术差，也不会对提高滑雪技术形成障碍。

在滑过雪坡的时候，滑雪者都会十分激动并获得满足。新形状的滑雪板可以实现这一点，但前提是要与基础动作教学体系相结合，否则滑雪者就不能充分发挥潜力。很显然，排除技术因素，短滑雪板比长滑雪板更容易上手，但正确使用长滑雪板会获得更好的体验。在高阶滑雪中，跳跃滑雪高级道需要短回合、快速反应，这就需要使用小肌肉和低阻力。有效的滑雪并不需要过多地耗费精力和使用肌肉，滑雪板更容易转弯和控制。如果滑雪者习惯使用正确的技巧滑雪，只需在家对滑雪板的形状进行微调就能够获得更好的体验。我的父亲现在91岁，他从7岁时开始滑雪，是一名有资质的奥地利滑雪教练。他在开始学习滑雪时就对滑雪板的形状产生兴趣。滑雪时父亲的关注点总是在脚上。在过去的10年中，他致力于利用基础动作教学体系平行指导理论促进滑雪板尖端形状的改进。在对滑雪板做出一些微调后，他发现滑雪板越宽，越能减少膝盖上的压力。

然而，如果滑雪者依旧使用传统的滑雪技术，即使微调也不会带来什么效果。那些通过使用大量肌肉和大量身体部位来提升滑雪技术的滑雪者，是因为接受了错误的指令或生存本能式的学习方法。滑雪时，在对抗地形或重力时会过度劳累，因为大距离移动或抵抗较大重力时需要使用大量的肌肉。

传统滑雪方法

传统教学体系中，需要强大肌肉的训练包括：

- 旋转运动：通过旋转、转动脚或腿以转动滑雪板。
- 身体在转弯中定点或协调运动。
- 着重于外板或山下板的转弯。

目前，无论是法国、澳大利亚，还是美国，使用的都是生物力学相似的传统的犁式体系。甚至市场上推销的、让滑雪者们自以为可以马上学会平行滑雪的"快速轨道平行"体系也是基于犁式。其实这种基于犁式的运作会对滑雪者学习滑雪的技术造成明显且持久的不良影响。

这些练习教滑雪者们用肌肉的力量去控制滑雪板的方向，包括扭转、伸展四肢、侧滑、下山。也就是说，成功的转弯可以让滑雪板转向，让膝盖扭转。但扭转和转向会使滑雪板变得不稳定。生存的本能告诉滑雪者要站在一个安全的位置，所以滑雪者必须对抗偏离轨道的滑雪板。由于滑雪板持续打滑，滑雪者更迫切地想稳定滑雪板。其实要想避免不断打滑的情况，最简单的方法就是停止转动或扭曲，然后倾斜你的滑雪板。

基础动作教学体系方法

基础动作教学体系打破这种传统，使用不同的机制，制定了新的标准。平衡习得和自由脚运动是基础动作教学体系的基本组成部分。

基础动作教学体系教导滑雪者在一块滑雪板上保持平衡，同时移动另一块滑雪板。支撑脚和自由脚要扮演不同的角色。支撑脚具有稳定、平衡的功能，使滑雪者更有信心。自由脚可以做出转弯的动作，将倾斜和转向相结合并应用到内侧滑雪中，也就是我们所说的"幻影移动"。正确的幻影移动应是平滑的、渐进的，几乎无法察觉的，就如同它的名字一样。在支撑脚保持平衡的同时，运用自由脚可以使滑雪板在雪地上形成弧形转弯。弧形滑雪板靠幻影移动可以自行转弯，同时支撑脚保持稳定。这章开头我说过滑雪会变得简单，还有比幻影移动更加简单的动作吗？

初学者学习基础动作教学体系平行指导理论中的技巧具有一定的优势。学习一系列更加有效和简单的动作后，滑雪者将获得生物力学的优势，这就是基础动作教学体系取得巨大成功的原因。

并不是说在基础动作教学体系建立之前，滑雪者们没有了解滑雪设计的机会。基础动作教学体系的各个组成部分已经存在了一段时间，但它们只是作为不相干的片段，而不是一个精简完整的体系。最优秀的滑雪者在滑雪时使用的是基础动作教学体系的动作，因为基础动作教学体系拥有最好的教练，并指导你保持高效率的运动。所以，基础动作教学体系受到许多专业教练的青睐。

一些同我一起工作的滑雪者告诉我，他们的教练采用了基础动作教学体系的某些方面。这会起到一定的改善作用。使用基础动作教学体系部分理论能最大化地改善传统教学，但以传统理论为基础发展起来的基本运动体系在滑雪运动长期发展中导致了一些问题。因此，不能简单地依靠基础动作教学体系的片段来进行改善。对许多滑雪者来说，使用基础动作教学体系最初可能会有帮助，但是效率的下降仍会影响他们的技术进步。因此，我的工作就是介绍基础动作教学体系平行指导理论是如何扭转这些负面影响的。

基础动作教学体系的开发是为了简化滑雪技术。从整体来看，基础动作教学体系的基本原理与其他的教学体系无关。基础动作教学体系是一个简单的动作序列，对每个转弯的部分（开始、中间和重点），它都提供了明显的改进方案。此外，基础动作教学体系更容易理解和学习，因为它省略了传统滑雪教学中复杂且广泛流传的指令。（对基础动作教学体系理论和逻辑感兴趣的学习者可参阅《基础动作教学体系指导手册》）

有人说，最简单的解决方案就是最好的。对基础动作教学体系来说确实如此！基础动作教学体系已经发布了10万多节课，使用过基础动作教学体系的滑雪者和教练都承认它在帮助滑雪者成功方面更有效率，能够使滑雪变得容易又不感到疲劳，从而获得更多乐趣。

专家理论学习

大多数滑雪者都有接受传统教学法训练的经历，所以我运用创新学习理论，使滑雪者快速学习基础动作教学体系动作。学生从教练的"技巧背包"中所获得的知识是零散、没有条理性的。显然，这并不是学生所期望的。

你没有必要大费周折去弄清这些课程的来源。可能是在美国某个滑雪度假村搭乘缆车时听来的。"前后"这个词是传统滑雪学校反复出现的一个指令。这似乎是一种公认的做法：教练严格要求学生们要加强训练，以强化这种"退步"的运动模式。

相比之下，当你了解基础动作教学体系时，你就会发现一些功能性信息。

分析

当我观察滑雪者时，我会使用基础动作教学体系对他的动作做出快速的检查。仅需要两个回合的训练就能发现我所说的"极限运动"。一旦你学习了基础动作教学体系动作并了解它们的顺序，你就知道滑雪者在坡上应做什么了。事实上，很令人惊讶的是我的学生们可以分析滑雪者的能力。我从未训练过他们将注意力放在局限性动作上，但这些局限性动作很显眼。甚至有学生能主动指出之前教练指导中的不足。一旦这些局限性动作被识别并转化为基础动作教学体系，你将得到前所未有的收获。

学习新的技术：内存和硬盘

我们的运动主要受两个层次的意识控制：有意识和潜意识。我们简单探讨一下，当你学习新的运动时，这两个层次的意识是如何相互影响的。

有意识的状态是你可以引入新的动作并控制动作的状态。当你开始练习滑雪新技术时，你的大脑就会有意识地预先准备，比如说一个新的技巧。你的旧技巧就根植于你的潜意识。当你无法专注于新的动作，或当你焦虑不安、没有底气时，有意识控制失灵，潜意识中的旧技巧就会控制你的动作。

有意识的头脑像电脑中的内存，我喜欢称之为"屏显存储"。有意识状态下做动作，就像内存工作原理一样，转瞬即逝，用到的信息极少。如果你的新动作仅仅停留在随机存取或意识中，注意力转移时专注，它们就会消失，因为它们不像储存到硬盘中那样长久。

潜意识就像硬盘，一旦资料存放在那里，即使内存信息被清除，也可以再次被提取。潜意识存储着你一生所学的动作和对特殊情况的反应，然后在无意识的情形下使用。在紧急情况下，你的大脑会做自动调取硬盘驱动器的动作。当你感到害怕或不确定的时候，从硬盘驱动器中加载的信息将会把随机存取中的新信息抹掉。

学习一项新运动是一个从有意识向潜意识转化的过程，如果新知识不能覆盖大脑硬盘上的旧内容，你将无法有意识地专注于新动作。

学习新的动作，第一步是将意识集中于简明、有效的动作和练习上。成功源于重复这些新的动作，使身体开始在潜意识或大脑硬盘上记录它们。通过重复，新的运动将会取代旧的潜意识。一旦获得，新动作也就成了潜意识动作。新动作的获取取决于运动的复杂性，简单、合乎逻辑、有效的动作比复杂的动作更容易习得。换言之，你有意识想要获得的必须是小范围、可重复和简单的动作。

强化运动

即使我们已经了解了新动作的习得，也很难将新的信息可靠地写入硬盘驱动器。上过我的课的人可能都经历过这种情况：当你正在学习新的动作时，看起来似乎做得很好，但教练一把你带到斜坡时，你就不知所措，又恢复到你上课前的状态了。这种反应是正常的，因为你所学的新动作还没有取代硬盘驱动器上的原有内容。新的动作需要重复读取，直到身体相信它们并将它们记录到潜意识或写入硬盘驱动器。

有一种可以打开硬盘驱动器并可以使其更容易接受新信息的途径，叫作"强化运动"。强化运动支持使用"外部提示"，通过实践改变潜意识中根深蒂固的动作。基础动作教学体系旨在利用外部提示加速新动作的获取。

外部提示

外部提示的物理属性是可以识别甚至可以测量的。为了帮助滑雪者获得有效的动作，基础动作教学体系提供外部提示或外部行动，如滑雪板或靴子的位置。这些提示可以帮助你更好地了解自己的动作，更容易改变或消除任何根深蒂固的动作。这类提示可以是视觉上的，也可以是物理上的，但无论是哪种都是可观察的。"腾空"就是一个很好的例子，滑雪者既能看到滑雪板，也能感受到它，而不是在雪地上拖着它。另一个外部提示可能是"在雪地上感受滑雪板尖端的运动"。具体来讲，就是"倾斜滑雪板，滑雪板尖端一部分与雪接触"。外部教学的线索包括滑雪板部分的参考，如尾部、板刃、内刃和外刃。描述动作的词语要准确，外部提示要有效。上面使用了很好的例子：抬起滑雪板，触碰尖端，将尖端置于雪地上。

反之，内部提示与身体位置、身体运动和肢体位置有很大的关联，经典的例子有"手向前""弯曲膝盖和脚踝"和"移动或凸出膝盖"。能否成功做到这些动作在很大程度上取决于个人，所以也很难验证或复制，很难知道这些例子中肢体移动有多远，这种移动是否创造了理想的结果；更难进行准确重复，以便将结果写入潜意识。

基础动作教学体系主要作为一个外在提示运动体系而提出的。在雪地上，基础动作的描述是由行动和结果构成的，可以在视觉上得到验证，如"站在一个滑雪板上，提起另一个滑雪板将其倾斜到外刃"。教练鼓励学生用余光观察滑雪板是如何移动的，而不是观察整个身体或身体的某些部位。这保证了外部的关注焦点集中于动作本身。

掌握运动

外部提示和内部提示是否会在人们学习进度方面造成很大的不同？这是一个值得了解的问题。我发现几乎没有比动作词语或外部提示更好的内部提示。甚至对于很小的差别，也会有很好的效果，如"将内侧滑雪板拉回"比"将内侧脚拉回"更好。尽管许多人发现脚是滑雪板的代名词，如果将重点放在滑雪板，有些人就会做得更好。

我并不确定这种微妙的差异是否会对学习或成功率产生一定的影响。我只是了解到使用外部提示可以显著提高学习速度。对外部提示进行多项研究的研究员表示，外部提示运用得当，将可以消除内部提示不明确的作用。伍尔夫等人正是使用这种方法在滑雪模拟器上做出了惊人的演绎。他们集中对比了关注点为脚（内部提示）和关注点为位于脚底下模拟器上的轮子（外部提示），发现了学习效果上巨大的差异。还有一个来自圣克劳得大学的大卫·巴拉尔克等人的研究，也揭示了类似的结果。

对于滑雪专家来说，如果因为是内部提示而不使用像"颠倒脚"或"连接脚踝"的动作指令就会显得斤斤计较。然而，在与学生打交道时，我发现这些提示会将关注点转移到错误的地方，由此产生运动的偏离。以"反转脚"为例，反转脚有一个更好的说法，即"在基本滑雪板中露出靴子"或"将尖端插入雪中"。虽然二者差异很小，但我们应该意识到，在与某人讨论动作技术或理论时，理解身体内部的运作很重要。在这种情况下，你不必将焦点放在外部提示上。但在教学中，你应该注重外部提示。

现在回想一下你的传统课程，是专注于内部提示还是外部提示？下面，我们讨论一下从传统教学中听到或读到的一些实例："将你的臀部前移""使用更多的腿部旋转"和"旋转腿的同时改变板刃状态"。这些都是传统教学体系中典型的内部提示，我会将这些与基础动作教学体系的外部提示进行比较。

把学习当作乐趣

学习新的动作应该有趣，否则不断重复相同的动作很快会乏味。新动作在迅速提高你的滑雪水平，这就是你的动力和乐趣所在。

成功者学习新动作具备3个前提：

（1）想要学习新动作。

（2）新动作易于理解。

（3）可行性。

虽然你有很强的动力要学习滑雪，但这并不能保证你的动力会一直保持下去。我们当中的一部分人会盲目地去学习未知领域。即使你坚信你的教练是"万事通"，并做好了充足的准备按照教练所说的去做，你仍需要提高学习兴趣。

提高学习动力的方法：

（1）寻找机会谈一谈你的期望。

（2）建立切合实际的目标。

（3）接受适合自己的课程。

如果你对你的能力拥有过高的期望，而教练却不知道这些期望，你就不适合学习这门课程。就算教练推荐了适合你的课程，但此时你的动力已经消减了。

基础动作教学体系平行指导理论在1998年4月发起了教练培训和认证计划。在基础动作教学体系平行指导理论中接受教练培训和测试，以使用论证学的方法在课程中评估学生的目的和期望。此方法被称为"学生定向滑雪指导"，并首先被金姆·皮德森推荐使用。从那时起，在金姆的指导下，基础动作教学体系制订了一个认证计划，主要侧重于教练的教学能力。基础动作教学体系的教练在滑雪指导方面是独一无二的，因为他们是第一批在"学生滑雪指导体系"培训和认证的。

设定期望的实现

为了给自己设定合理的期望，你必须对自己的能力有一定的认识。你要确定你做的这些都是有价值、有意义的。如果这个问题还要教练主动告诉你，这说明滑雪并不在你的掌控之下，而是要依赖于外部认可。如果你发现自己在想"我记不住教练说的是抬起滑雪板还是压低滑雪板"，你就缺少了完成自我评估能力的环节。如果一个教练能够教你有效地滑雪，他的教学就是有用的。

而基础动作教学体系的动作教学就能很容易观察你的结果、跟踪你的进展。当你知道自己应该选择怎样的动作并且知道如何与有意识的动作结合时，你将学得更快。基础动作教学体系动作教学能够帮助你轻易地观察结果、追踪进展，你也能与教练讨论你的期望，双方相互反馈信息。基础动作教学体系教练也会接受培训，就是为了成为更好的教练。

追求一致

有些年轻的滑雪运动员可能跟我一样对滑雪拥有巨大热情，有时候所有的努力都十分完美，但也许会有时候迷失自我。这对于没有具体、坚定的滑雪目标的滑雪者来说是正常的。自从我开始使用基础动作教学体系，这种不稳定的现象就逐渐消失了。即使是在一个从未尝试过的滑道，我也可以运用相同的滑雪技术，并使自己进入一种舒适的滑雪状态。我相信通过使用基础动作教学体系的运动技术，每一位滑雪者都可以达到一致。

交给你的潜意识

你现在已经习惯了用意识给出动作提示并控制动作，而我必须让你做好放弃它们的准备。什么时候才会放手呢？就是你比赛的时候。竞赛选手最糟糕的做法之一就是在比赛中考虑指令和技巧。有意识地把焦点改成选择地形、定位转折点，并做出反应。在这种情况下，技术是次要的。专业滑雪者会用眼睛来观察滑雪，让身体应对挑战。头脑清晰地输入指令，专注地解读地形，把这些信息输入大脑。显然，信息到达大脑时你就知道如何处理。我们将在全地形教学部分中进行讨论。

想依靠印在潜意识里的动作来学习是需要通过比赛实践的。通过感悟你会明白，在滑雪过程中你需要做出反应而不是思考如何转弯。当你将焦点放在去哪里时，你会突然忘记动作技术。但你需要用你训练和学习过的动作来回应，这是对你的技术和学习的终极考验。如果你已经学会了有效的动作，下面就要接受场地的考验了。如果你在滑行过程中遇到问题，如颠簸、骤降，说明你所学的动作还不够扎实。如果你对所学的动作有信心，这些问题将只需稍作调整并运用一点点经验就可以解决了。

在本书中，我们推出了许多关于滑雪教学和学习的新概念。这些新概念将会得到不断强化。因为这是基础动作教学体系的指南，也许你在阅读后面的章节时，可能还会翻看这一部分。这将有助于你检查是否已经脱离大脑中的"硬盘驱动器"或者正在使用新的程序滑雪。你给你的"硬盘驱动器"编好新的有效动作了吗？本书的其余部分将提到有效的外部提示。尝试熟悉它们并发明自己的外部提示，因为只有你才知道什么是最适合自己的。既然我们已经介绍了一些学习和自我辅导的理论，让我们开始进入基础动作教学体系的课程吧。

第二章
平　衡

定义平衡在运动中的作用

　　时间管理在人们生活中的地位越来越重要，因此，准确、有效的培训和教学方法是必不可少的。当确定了绩效目标之后，研究什么是实现它们的最佳方法就变得极为重要。对于滑雪运动来说，在体能准备和技术之间必须达成一种微妙的平衡。想要在高级道上成为专业滑雪者，就必须把时间花在体能训练上。虽然精准的平衡动作和能力会降低对力量的需求，但是，在高级道上来回跑上几天是任何一个没有经过基本耐力训练的滑雪者都无法承受的。尽管如此，大部分的滑雪者还是会将更多时间花在技术训练而不是体能训练上。每一项运动都有独特的要求，训练管理对参与者来说是至关重要的。所以，先要确定进步的最关键因素，然后再去追求方法。

　　虽然我也参加其他项目的比赛，如网球和自行车，并且也达到了专业水平，但是我的大部分时间和精力都是用来滑雪的。如果我推荐一个与传统方法截然不同的训练计划，你会感到惊讶。但我之所以推荐它，是因为它取得了成效。我已经滑雪将近61年，执教39年。我观察过很多滑雪者在这段时间的进步，他们当中有我年轻时的模仿对象。许多人现在都已经六七十岁了，但滑雪依然很好，甚至比他们年轻时还要好。

我要补充一点，滑雪者在高级道上滑雪并不需要举重、每周跑20千米等训练，更不需漫长的骑行训练。在淡季，他们可能会去远足、钓鱼、打高尔夫球或网球，或者在花园里工作。他们有一个共同点：他们都学会了用平衡动作，因此他们滑雪时并不需要太多肌肉运动和体力。如果这是真理，为什么不是每个人都这样教滑雪呢？也许是因为大多数教练没有受过训练，无法理解创造"生物力学优势"的过程——只有当我们处于平衡状态时才能成功。

让我们来看看当前的一些现象。当我读到一些受人吹捧的刻滑技巧时，我都会摇摇头表示怀疑。第一，他们提倡的是一种极端的身体姿势。这些都是一时的流行和误解，有些技巧甚至会危及关节的健康。第二，这些技术在许多情况下主张静态姿势，动作十分僵硬，没有协调性。每一个滑雪姿势中的横向和旋转都会产生负荷，而这些负荷全都增加到了膝盖，并且也加重了外八字姿势对膝盖的伤害。在这些姿势下（术语中的"大猩猩姿势""弯腰"精准地描述了这些姿势），偏移的重心会使两脚不平衡，因为这种姿势没有使用平衡，所以复位也需要很大的力量。但他们缺乏技巧和对平衡的细化训练，不建议想要减少肌肉疲劳和关节损伤的滑雪者学习。这些技术是非常有限的，是一种缺乏实用性的滑雪技巧，不能举一反三。

要想达到你想要的效果，就必须将平衡能力融入教学。平衡会使滑雪者有更好的控制力和平稳力，并能减少疲劳感。换句话说，平衡能使滑雪变得更加有趣，这是大多数滑雪者希望达到的效果。有些人会好奇，传统的教学体系中是否会运用平衡。很遗憾地回答你，没有，因为大多数人并不认为平衡会有事半功倍的作用。

那么我们到底该怎样进行培训呢？我认为应该是一种平衡和技巧相结合的培训模式。设计开发一种平衡技能，并提供适当的综合训练来快速提高滑雪能力。所以，在基础动作教学体系中，教练会花更多的时间来讲平衡性，而不是技术，因为滑雪技术就是为了平衡而设计的。

关于平衡滑雪的问题

滑雪与平衡的基本关系：平衡是滑雪运动的基础。当你参加滑雪课程时，你一定会听到教练提到这个词——平衡。例如，学习"平衡姿势"或"平衡状态"，或者学习如何在滑雪板中心附近找到你的平衡点。"站在滑雪板中心附近"这是一个被广泛使用却又很少被定义的句子，难道是用字面意思来理解吗？这些条条框框是不是已经束缚了你？

其实掌握平衡姿势意味着我们能够自由移动，并且能在一定范围内复位。"站在中心"的意思是不倾斜于滑雪靴的后面或前面。所以，当我们笔直地站在滑雪靴后面时，并不代表我们处于平衡姿势。要达到平衡姿势，我们就必须站在指定的位置——滑雪靴的中央。

在学习如何找到自己的平衡能力时，你可曾反思过到底要怎样站立才能保持自己的平衡？你做过关于平衡的训练或测试吗？你知道如何在转弯时使自己处于平衡状态吗？如果以上几点你都没有做到，这就是一个没有平衡体系的训练，因此效率才会不高。如果你不分析你的平衡能力，你怎么知道限制你进步的主要原因就是缺乏平衡？

怎样做才能让自己在滑雪中有所进步？滑雪时为什么会莫名地产生焦虑感？原因如下：当滑雪动作缺少平衡基础时，你的身体就会不知不觉地向斜坡倾斜。向斜坡倾斜时，控制力就会减少，导致滑雪板失控，焦虑感由此而生。

平衡与稳定

滑雪者都必须清楚一点：平衡和稳定不是一回事。传统的滑雪指导忽略了平衡，并用一个较低的标准——稳定性代替。要达到这种低标准的稳定性很简单，只需把两脚张得足够宽，力量足够均匀即可。当然，一开始，这个姿势会让你感到十分稳定，不会让你轻易倒向一边，但你也别指望你的平衡能力会达到大师级别。只在乎稳定的平衡，根本算不上真正的平衡。

看过专业滑雪者滑雪，你就会发现他们可以在平衡状态下不断地移动滑雪板。他们的身体总是在滑雪板的一边，即使这看着好像是一个极不稳定的姿势，他们也不会翻倒。他们之所以能那么稳定，全靠平衡能力。还是一样的道理，若滑雪者一心只想着追求稳定，平衡能力就根本得不到发展。

缺乏平衡能力会阻碍你进步。通常情况下，当滑雪者尝试新的基础动作教学体系平衡动作时，他们会说"我感觉好像失去了平衡"。我可以向他们保证，一开始寻找平衡感时可能会使人不安，尤其是试过宽广的两脚姿势的滑雪者。如果你在尝试这些新动作时缺乏平衡感，就说明你还没有拥有这些姿势所需的平衡能力。尖锐滑雪板设计的优势就在于可以找到平衡点并保持平衡。当获得平衡感时，就说明你充分利用了其设计的优势，你应为自己的滑雪技术进步而感到高兴。

滑雪专家与平衡

我前面提到，滑雪专家需要具备与生俱来的高水平平衡能力。这对于参加世界级比赛的滑雪者来说当然是对的，因为滑雪本来就是一种平衡性的竞赛。我们通过视频可以看到世界上最厉害的滑雪者——世界杯选手——在进行平衡能力的较量。那些在滑雪比赛中获胜的选手在平衡能力方面无疑是最优秀的。拥有良好平衡性的选手，在赛道上可以省掉更多的调整和变化。

要知道，当你调整和变化动作时，滑雪速度就会降低。幸运的是，虽然我不是天赋型的滑雪者，但我们同样可以改善平衡性。在我的教练和滑雪生涯中，我一直让专业滑雪者和业余滑雪者都专注于平衡性的发展。通过运用正确的滑雪技巧和练习，每个人都可以以一种安全健康的方式来提高自己的平衡能力。无论你从基础动作教学体系的哪个步骤开始，你的平衡能力都会得到提高，从而滑雪能力也会得到提升。就比如当你学习站立滑雪姿势和自由移动脚时，同时也在提升这种姿势下的平衡力。

当我们学习驱动支撑脚、挪动自由脚时，也就是在确定我们滑雪时的平衡参数。当我们利用身体平衡来发展高效滑雪技能时，这些参数是不容忽视的。我们要深入了解并分辨出哪些动作可以得到平衡，哪些动作不利于平衡。使用基础动作教学体系可以帮助你清晰地分辨出来。当然，不按照基础动作教学体系的指定动作练习，平衡性就会被破坏。驱转，在传统方法里是一个我们熟知的动作，会让滑雪者侧滑，让身体和滑雪板旋转。这是一个会破坏平衡性的动作。任何身体旋转运动都会导致驱转，也就会出现用力过度的情况。

在转弯时一旦内侧滑雪板的姿势被当作次要姿势来使用，身体就会从滑雪板的一侧移动到另一侧。出现这种现象就说明你已经失去平衡。在支撑板上你若不能保持平衡，很快就会产生不良反应。失去平衡后的第一反应一定是让滑雪板继续直行，直到你把它扭回原道。但其实你是陷入了"以扭转来转弯"的误区，这是一个非常规且低效的滑雪操作。当不正确的动作潜入体系时，成效就会减少。对动作的精确描述和演示是基础动作教学体系的一个优点。练习基础动作教学体系的基本动作时，比如说幻影移动或把自由脚移向支撑脚时，你的平衡能力就在进步。一定要按要求练习这些动作，不然你的标准就会降低，转弯的质量也会下降。

平衡训练

我对滑雪运动所取得的成果印象深刻，因为即使在淡季也可以进行平衡训练。滑雪者想要节省时间，可以先专注于基础练习，用其他时间来学习额外的滑雪课程。如果你的平衡能力没有达标，再多的训练也不能提高你的滑雪能力。

在基础动作教学体系的项目中，我会推荐许多不同的平衡训练设备，包括使用钢丝绳。一些学员听取了我的意见，在自家后院安装了钢索装置。克里斯是我们的客户之一，现在专门从事滑雪运动。除了使用钢丝绳，在夏天他还通过轮滑运动和其他练习来进行平衡训练。自从在平衡能力上有了新的发现之后，他的技术有了突飞猛进的进步。

各种简单的练习都可以作为平衡训练，单脚站立就是一个不错的选择。接下来几页主要包括两个练习：平衡训练和力量加平衡训练。

干燥地面上的基础练习和木块练习

木块测试

使用木块进行练习和测试，如图2-1所示。

图 2-1 木块测试

图2-1（a），站在一块2英寸×4英寸（5.08厘米×10.16厘米）大小的木块上，如果你有足够的信心，也可以用4英寸×4英寸（10.16厘米×10.16厘米）大小的木块。让吊着的脚离开地面。

图2-1（b），用离地那只脚的脚尖向后触地，并且站着的腿不能弯曲。

图2-1（c），将站着的腿进行弯曲，看看另一只脚能否伸得更远。

图2-1（d），把脚尖向侧方尽量伸展。

图2-1（e），尽你所能地把脚尖往不同方向伸，伸到最远。

找一个搭档，把你脚触到的地方标记起来。换一条腿重复这组动作，每条腿做5次。

绳子搭配木块练习

用一根绳子围成一个圆圈，圆圈形状与之前脚尖划出的轨迹相同。站在木块上，另一只脚沿着绳子的轮廓运动，缓慢且不间断地做这组动作。沿着绳子轨道，从后方慢慢移动到前方，再从前方返回后面，如图2-2所示。

图 2-2　绳子搭配木块练习

图2-2（a），一条腿站在木块上，另一条腿努力向后伸到最远的地方。

图2-2（b），将向后伸的腿绕到站在木块上的腿的后方。

图2-2（c），把脚慢慢伸出去，并按着绳子的轮廓向前移动。

图2-2（d），将脚移动到最前方的位置。

图2-2（e），尽可能向内前侧方伸脚。

板凳辅助练习

用一个迷你台阶凳或者小木箱，将一只腿放在比较低的台阶上。在另一只脚离地的情况下，在板凳上完成伸展动作，如图2-3所示。

图 2-3　板凳辅助练习

图2-3（a），一只脚放在凳子上。
图2-3（b），另一只脚的脚跟抬起，脚尖触地。
图2-3（c），腿伸直，身体完全伸展。

（1）前后脚接触

当迈出第一步的时候，为了增加身体平衡和力量的训练，可以将离地脚的脚尖依次沿地板的后面、侧面和前面进行轻触，就像前面的练习一样，各做5次。

（2）难度增加

为了增加训练的难度，可以把脚放在凳子最上边的台阶上，做相同的动作。

基本弓步练习

基本弓步的练习如图2-4所示。

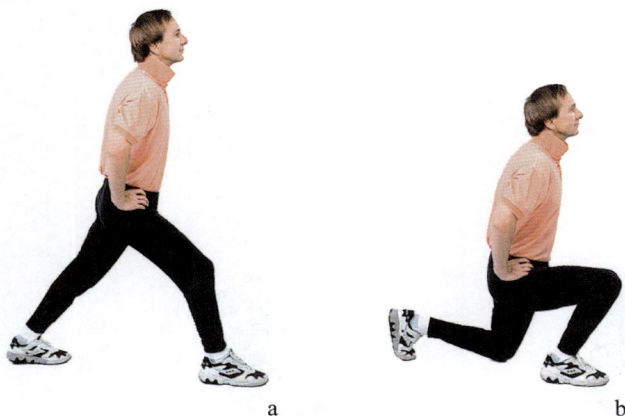

图2-4（a），一只脚放在另一只脚前方约2英尺（约0.6米）的地方。

图2-4（b），弯曲前腿直到后腿的膝盖触地。再重新站起来，本组动作做10次。做完后换另一条腿，再做一遍。

图 2-4　基本弓步练习

高级弓步练习

高级弓步的练习如图2-5所示。

图 2-5　增加板凳的高级弓步练习

图2-5（a），后脚的脚趾放在板凳上，前脚站在板凳前约2英尺（约0.6米）的地方。

图2-5（b），前腿慢慢弯曲成90°。

图2-5（c），有条件的滑雪者可以继续弯曲，直到后膝着地。但如果你的膝盖有伤痛，不建议尝试。

单脚蹲练习

单脚蹲的练习如图2-6所示。

a   b

图 2-6　扶着椅子单脚蹲

用一把椅子作为支撑，一条腿蹲下，另一条腿离开地面。从浅蹲开始往下深蹲到90°，做到图2-6所示时，你已经有足够大的力气了。

对于更高级的训练，只需去掉椅子的辅助再做同样的动作即可，每条腿做10次。这个动作能很好地训练腿部力量。

橡胶绳辅助练习

用橡胶绳进行辅助练习，如图2-7和图2-8所示。

图 2-7　利用橡胶绳向后伸展

图 2-8　利用橡胶绳向前伸展

图2-7（a），将橡胶绳（在大多数健身俱乐部或运动专卖店中都可以买到）的一端固定在一个物体上，将另一端系在脚踝上，系着物体的脚向后移动，直到橡胶绳与地板平行、脚离开地面。图2-7（b），一只脚站着，系绳的脚拉伸到身体后面，然后返回起始位置。转身，向反方向做同样的动作，把腿向前伸展，直到橡胶绳平行于地面。每条腿做10次。

这个练习对腿部训练有一些好处：系绳的腿可以加强肌肉力量，与滑雪时的腿部肌肉运动相似，并且可以训练站立脚的平衡能力。

这个训练也可以向身体侧方做。如图2-8，站在固定点的一侧，用系绳的腿将橡胶绳拉离固定点。在开始伸展之前，练习的强度可以通过橡胶绳来调节。

平衡板练习

　　平衡板是一个身体平衡感知和改良工具，是用来平衡踝关节肌肉运动的一个辅助工具。不了解滑雪时脚踝对平衡力影响的滑雪者们，可以自制或购买一个平衡板来加强平衡训练，如图2-9所示。

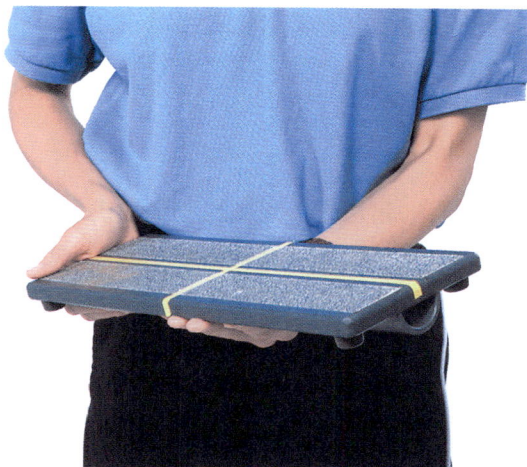

a　　　　　　　　　　　　　　　　　　　b

图 2-9　平衡板

c

　　图（a），平衡板。

　　图（b），用雪杖作为支撑，一只脚踩在平衡板上，另一只脚离开地面。把雪杖抬起来，看看你的平衡能保持多久。

　　图（c），把脚的重心放在平衡板上。

雪上平衡测试：自测

怎样才能最大化提升我们的滑雪能力？接下来介绍一些雪上平衡测试方法。滑雪者若能毫不费力地完成这些测试，他们距离滑雪专家就不远了。但如果不能，我们会提供几种解决办法。前文介绍的干燥地面模拟训练对滑雪者有一定的帮助。如果滑雪者依然存在滑雪困难，可以尝试结伴训练或调整滑雪设备。首先，来做一下穿梭雪道平衡的3个测试。

穿梭雪道平衡

穿梭雪道平衡是完成平行跨越斜坡最基本的技能。起初滑雪者在阿尔卑斯山滑雪时，穿梭雪道平衡很重要，因为它是躲避陡坡的唯一方法。现如今，在很多滑雪区很难看到穿梭雪道平衡的滑雪者了。雪道转弯是连续的，滑雪板是为轻易地完成圆弧动作而设计的。但无论怎样，穿梭雪道平衡依然有助于滑雪者学习新动作，也是考验其平衡性的一项测试。

安全检查

在尝试本节练习之前，滑雪者必须提前弄清滑行路线及斜坡出现的位置。滑雪者可以找一个眺望整个滑雪场的地方，看看有没有堵塞，确保滑道上没有安全隐患后再上坡。

标准

在进行穿梭雪道平衡练习的过程中，试着在雪场边缘滑出一条细线。如果操作得当，这条线应当是直的。一只脚抬离地面时，平衡应该贯穿整个滑雪过程——即使你无法做到完美也不要放弃。练习在站立的同时抬起滑雪板，这将有助于提升单脚的平衡能力。相信有许多滑雪者都没有尝试过单脚平衡练习。

（1）下坡滑雪运动

在坡度适中的斜坡上找好一个不堵的位置。站在斜坡的一边，方便你可以滑到另一边。先轻轻地放下滑雪板的前端，然后用力推开，同时看准另一侧。如果你在抬起滑雪板的情况下无法做到滑出一条直线，那么你可能存在对齐问题。接下来，换脚做另一个方向的练习。

（2）上坡滑雪运动

这次的练习和下坡滑雪运动相同，只不过换成了站在雪地的板上，从雪上抬起山下板。

这次的目标是在雪地上滑出一条直线，之后重复前面的步骤，反方向继续练习；下坡滑雪的标准也适用于本次练习。完成两个方向的穿梭后，你离专业滑雪者又近了一步。

（3）直线跑

在一个平缓的斜坡上，使滑雪板沿着斜坡向下滑，往后推的同时抬起一块滑雪板。保持这个状态直线滑行20英尺（约6米），然后换另一只脚继续直线滑行20英尺。

如果你做不到单脚平稳滑行，就说明你存在对齐的问题。如果对齐不准确，指导得再多也没用。要想解决这个问题，你首先必须使脚、脚踝、滑雪靴和滑雪板与身体的每一个部位都对齐。

不平衡的原因

我们能够单脚平衡站立，就表明我们能够通过支撑脚踝的小腿和脚部肌肉共同收缩来保持平衡。共同收缩，意味着相关腿部肌肉正处在合作状态，以稳定关节。

共同收缩使关节运动更加稳定，从而调整平衡能力。滑雪靴中的硬塑料材质会使脚和脚踝的运动范围受到限制。此外，保护罩的形状决定了小腿离开滑雪靴的角度。如果你的腿横向偏离两侧，你会偏离滑雪板的中心，从而身体不能保持平衡。适当的对齐和一个量身定做的鞋底可以在很大程度上缓解这种情况。

对齐问题

如果对齐方面出现了问题，你是否怀疑那不是你的错？你会不会觉得，尽管你是一个受过训练的滑雪运动员，但你的朋友似乎比你滑得更好？或者，你感觉卡在某一个瓶颈没有任何突破？转身时你会感觉到两边的不同吗？请放心，这些是大多数滑雪者都遇到过的情况，在我们的有关对齐问题的教程里都会被提及。

评估对齐

正确对齐在一天内就能改善你的滑雪水平，使你的滑雪能力突飞猛进。过去的30年里，我都在研究这个问题，甚至学习有关对齐问题的教程。有许多对齐专家——自称对齐及试靴专家的人，如果他们没有给你提供一个完整的雪上评估体系，那他们也就落下了教程中最重要的部分。在我的第一本书《谁都可以成为滑雪专家》中，在对齐方面有详细的讨论，描述了该怎么避免对齐错误，怎样通过选择合适的设备或者考虑滑雪板和滑雪靴的设计来提升对齐水平。

设备和姿势

滑雪是一项充满活力和动感的运动。专业级水准的滑雪不是靠单纯地确定双脚在滑雪板上的位置，而是靠你的平衡性和正确的姿势获得提升。然而，正如你赤脚或穿着一双板鞋会有一个特定姿势一样，你的身体会因你穿着不同设备而呈现不同的"滑雪姿势"。

穿鞋不同，呈现的姿势不同。你站在滑雪板上的方式在很大程度上取决于滑雪靴的几何形状。某些品牌或型号的滑雪靴对一些人可能会产生功能性调整姿势的作用，对其他人则产生一个非功能性的姿势调整作用。理想情况下，你需要一双这样的滑雪靴：使你能够站在滑雪板的中心，无须费力地前后调整；脚或腿的轻微动作就能调整滑雪板的前后压力，进而从另一个方向找回平衡。

滑雪靴

对齐评估要从滑雪靴开始，因为滑雪者从滑雪靴上获得误导性信息比从其他任何一件装备上都明显得多。滑雪靴对你的进步起着至关重要的作用，因为它们可以直接影响你的平衡能力。滑雪靴是滑雪装备中最重要的部分，也是最能决定你选择装备对错的重要因素。滑雪行业，包括滑雪用品专卖店、制造商和滑雪教练都缺乏培训，对选择滑雪靴和如何给滑雪者们配滑雪靴等概念缺乏理解。在我的印象中，许多来到我们滑雪营地和校准中心的滑雪者都穿着专家们强烈推荐的滑雪靴。在雪地滑雪评估的过程中，一些学员因不合适的滑雪靴、劣质的鞋底设计和错位组合而导致评估结果不甚理想。如果你想了解更多滑雪靴的知识，可以去看看我第一本书《谁都可以成为滑雪专家》中关于对齐和鞋底测量的内容。接下来，我会列举出因穿靴不当而对滑雪过程造成的影响和限制，以及这些影响和限制怎样导致错误的指令和建议。

你可能会惊讶地发现，那些最流行、最热卖的滑雪靴可能对你的滑雪进度不利。那么，为什么这些滑雪靴还那么受欢迎？厂家为什么还要销售这种滑雪靴？商家会做很多广告。这些滑雪靴在商店里试起来也许确实很舒服，看起来也很"好看"。而且店员还会告诉你这是滑雪专家强烈推荐的滑雪靴。其实有些滑雪靴卖家根本不在乎你真正的需要，因为卖出去才是他们的目的。你很容易买下一双与你身体和滑雪需求不符的滑雪靴，营业员不了解你是怎么滑雪的，而且最传统的教练往往是没有接受过靴子对姿势和动作的影响的培训。就像我在第一本书中说的那样："没有经过对齐和站立评估的滑雪靴是不能拿来销售的。"

我在第一本书中对横向和旋转的特点进行了详细讨论，也收到了很多读者和学员提出的疑问，他们急于想知道应该买哪种靴子。那么我就简单地总结一下这两种靴子的区别。

横向和旋转都是滑雪靴的性能设计，指靴子从腿部传导力到滑雪板的滑雪立刃和脚踝立刃的方式。横向滑雪靴的设计原理为在不引入任何驱转运动的情况下，将脚踝立刃力量直接传递到滑雪板。通常靴面是僵硬的，靴筒可以向前或向外弯曲。向前倾的靴筒角度接近垂直，向前弯的靴筒可以控制，以防止膝盖过度转动而导致前脚掌的旋转。

旋转靴的设计允许小腿在滑雪靴向滑雪板施加侧向倾倒力之前在内部旋转。靴口铰链和铆钉的位置通常允许靴带向内侧弯曲，使它在转弯时与腿同时运动。有些靴子也明显向前倾斜，或有向前倾斜的外壳和靴口。这种倾斜会将压力传递到跖球，因此导致滑雪的过度旋转（扭曲）。当它变轻或难于操纵时，板尾就容易打滑。滑雪者的膝盖弯曲，小腿靠在靴舌上。试图用这个姿势滑雪产生强大的扭曲力。

另一个需要检查的功能是启动斜坡角度。这是脚后跟在靴子内部立面上高于跖球形成的角度。斜坡角度与前倾相结合可以对滑雪者的前后平衡产生深远影响。即使滑雪靴具有横向属性（例如坚硬度、高的侧面和允许靴口向前弯曲的铰接点），也会影响你的滑行能力。

可能旋转靴在滑雪商店里看起来非常好，但是到了滑雪场上，它们会严重妨碍你的平衡和磨边能力。事实上，某些知名制造商的滑雪靴存在着十分严重的缺陷。不要以为滑雪店店员说卖给你的是最好的产品就是最好的。你所买的最受欢迎的滑雪靴，实际上并没有对滑雪起到任何作用。对于大多数滑雪者来说，旋转滑雪靴也许是高水平滑雪者的敌人。

到底是什么是旋转滑雪靴？以下因素可能致使你在滑雪中失去重心。

- 如果内侧或内侧上的铆钉（将靴套连接到下靴）低于外侧或外侧上的铆钉，造成靴带从内侧与腿一起移动。
- 如果靴子上部靴口的前倾角度太大，无法控制，可能会在靴子的前部产生持续的负荷。
- 如果靴底斜坡角度大于7°，可能会使脚前部产生过大的压力，使滑雪板尾部变轻，并发生扭曲。
- 如果靴用纸板从一侧到另一侧是扁平的或者有外翻角度，则会导致过度的内转。前足内翻和外翻是前脚或脚的相对于后足或脚跟的扭转或扭转的量。如果蹈趾侧高于小趾侧，则被称为前足内翻；如果蹈趾侧低于小趾侧，则被称为前足外翻。当靴用纸板外翻时，意味着蹈趾侧比小趾侧低。靴用纸板上的外翻导致内部旋转到动力链上，好鞋的鞋底可以缓解这种情况。

虽然这些例子中的任何一个特征，都可能因为腿长和比例不同而不能被立即识别，但是这些特征是滑雪靴对滑雪运动最常见的有害的表现。

滑雪靴形状和身体姿势

滑雪靴有许多不同的形状、款式、倾斜角度和几何形状，滑雪者也有不同的身高、形体和比例。不同的滑雪靴形状就会产生不同的滑雪姿势，其中一些姿势是功能性的，另一些则不是。为了能产生功能性的姿势，滑雪靴的几何形状则需要量身定做。典型的滑雪靴也许适合187厘米高且腿长的人，但绝对不适合170厘米高和腿短的人。

高坡道和有前倾角度的靴子会使你站立在一个过于弯曲的位置上，脚踝、膝盖和臀部都是弯曲的。这个位置可能会把你的臀部置于中心后侧，迫使你的大腿肌肉不断收缩。这种情况在试穿滑雪靴时很难发现。只有当你在山上时才会发现大腿灼痛，板尾在打滑。身材高大的滑雪者不太可能受到坡道和前倾度较高的靴子的影响，但矮小的滑雪者却不太适合这款滑雪靴。

调整滑雪靴找到平衡点

我对滑雪靴的理解很简单。当滑雪时，可以平稳地站在滑雪靴上并且不会使你的塑胶挡板发生弯曲。在滑雪界有一个关于此主题的巨大误解，即很多滑雪者、教练和滑雪靴商店会告诉你需要弯曲你的滑雪靴——我不同意这个说法。

如果你穿上滑雪靴失去平衡时，就必须通过弯曲滑雪靴来找到平衡点。滑雪靴的质地最好是柔软的，因为当你滑雪时你会不断地推动滑雪靴。如果你因为滑雪靴的斜坡或向前倾的角度而处于一个不太理想的姿势，你将会在每一个弯道都习惯弯曲滑雪靴，不得不向前弯曲塑胶挡板，以便给滑雪板前端施压。这样做非常费力，但效果却不尽如人意。如果你也遇到这样的情况，你可能永远只能在平整的雪道上滑雪，因为以这种不平衡的姿势在陡坡上或者带雪包的雪道上滑雪是很艰难的。

处于不平衡的姿势很难完成这些任务。如果你失去了平衡，硬材质的滑雪靴会让你滑起来很吃力，因为你不能弯曲塑胶挡板以达到平衡点。

比较好的解决方案就是用滑雪靴来保持表面上的平衡，这样你就不用总是通过推滑雪靴来找到平衡点。我更愿意通过选择和调整我的滑雪靴使自己在滑雪靴的前后方一直保持平衡。我的滑雪靴材质是硬的，平衡范围处于前面的鞋舌和后面的小腿垫之间。滑雪时，如果不是因为失去平衡，我很少会在滑雪靴的前后方施压。确实失去了平衡的情况下，我会用滑雪靴前后的僵硬质地在这两点之间调整，以重新找回平衡。

使靴子处于平衡姿势的优点在于，即使在转弯时做一些小动作你也可以保持平衡。如果你发现自己经常在滑雪靴的偏后座，而且经常需要返回中心，这不是你的错，也不是因为你的滑雪靴太硬。硬材质的滑雪靴并不适合所有人。只要滑雪靴能够让你处于中心且保持平衡，让你能够在做转弯动作组合时只需要小幅度调整，这双滑雪靴就很适合你。把曲形板软化也不是解决姿势不平衡的办法。

让我觉得很奇怪的是，世界杯滑雪赛选手的滑雪靴很硬，所以当商店销售人员谈论赫曼·梅尔的出色表现时，总是提到他有一双非常硬的滑雪靴。赫曼·梅尔需要硬材质的靴子，是因为他想在靴子的极限内来控制他的前后平衡。当他失去平衡时，硬材质的靴子可以帮助他复位。赫曼·梅尔穿着硬材质的滑雪靴也能滑雪是因为他不需要通过弯曲塑胶挡板来达到平衡，硬滑雪靴对于他来说是一个帮助恢复平衡的支撑物。

选择合适的滑雪靴

最简单的办法就是购买具有斜坡角度调整和向前倾斜调整的滑雪靴。确保靴子上的内侧铆钉要比横向铆钉高。为确保滑雪靴内侧鞋底的舒适度，大多数的滑雪专卖店都会向你推荐有脚床或舒适鞋垫的滑雪靴。说难听点，"舒适鞋垫"只不过是你花150美元为你的脚买到的塑料片。想让鞋垫发挥真正的作用，需要一个完整的足踝测量过程（有关说明，请参考《谁都可以成为滑雪专家》）。即使是很严格的测量，脚床也不会产生正确的结果，因为存在同步收缩的力度。因此，在脚下放一大片"硬质塑料"并没有什么作用。事实上，这会使你的脚和脚踝无法动弹，导致你用大腿的大块肌肉群做转弯动作——这是绝对不行的。旧版的滑雪靴是锁定脚踝的侧向运动；而我们在哈布滑雪教学中心的做法是稳定踝关节，减少内旋，不锁定任何关节共同承重的能力。

"共同承重"并不是一个复杂花哨的生物学名词，它应该被所有的滑雪者知道：它对滑雪成功具有很大的作用，同时也有助于防止受伤。当关节周围肌肉发挥作用以稳定关节时，关节活动不会超过其自然活动范围。运动的力量在骨骼中合理分散，形成一条"理想的骨骼力量线"，而不超出韧带的横向负荷能力。当你滑雪时感受到了共同承重，你会拥有一个新的体验：通过骨架来平衡。

基础动作教学体系教导我们要进行平衡运动，用共同承重的方式来稳定关节。保持平衡要通过关节中心和骨骼的支撑控制外力，而不是由韧带和肌肉抵消偏心力。对于绝大部分滑雪者来说，正确的对齐和合适的滑雪靴能让滑雪时的力量贴近骨架。

滑雪成果

弧形滑雪板会使滑雪变得更轻松，更有趣。这要归功于它们更宽广的尖端和尾部。这样的设计可以使滑雪板的前端和尾部切入雪地。滑雪板弯曲成一个转弯的圆弧切入雪地。这对滑雪者是有帮助的，因为这样在转弯时可以减少前后的平衡调整。弧形滑雪板不再需要像旧式滑雪板转弯时的大幅度身体调整——以保持前后平衡和对尖端的施压。这本书很少提到向前倾或向前压，因为书中的示范者站在他们自己的滑雪板中心上时都非常稳定。他们像平时一样站在自己的滑雪靴里，所以很容易在滑雪板的中心保持平衡。一个适当的姿势或平衡的姿势，可以根据需要来分配前后压力。假如你已经处于适当的姿势并且在滑雪靴上保持平衡，想给前端施加多一点压力，只需做一个简单的、轻微的、容易控制的动作，而这个动作并不会影响你的整体平衡。基础动作教学体系提倡把自由板拉回来，以增加前端压力。"回拉"的动作在本书中有详细描述，见第三章和第六章的"增加自由脚的练习"。

说明

很遗憾，许多滑雪者在尝试弧形板滑雪时并没有体验到它带来的好处。我了解到，还有很多滑雪者认为应该通过向前压的方式控制尖锐滑雪板的前端。我发现这个动作其实会破坏平衡性而导致过度转弯。只有当滑雪靴影响你的动作时才有必要使用这个动作。如果你往后倾时失去平衡，那你转弯时会需要往前压。一些教练会给出向前压的建议，通常是因为他们自己在滑雪中遇到了需要妥协的地方，或者是发现学生定在了一个靠后的位置。这个建议不仅是无效的，而且还会起到负面作用。

失衡姿势应该通过改变滑雪靴来弥补，而不是靠技术。再多的滑雪指导也改变不了你的姿势。但改变鞋子的斜坡和倾斜角就可以马上改变你的姿势。再次提醒，这个话题的更多信息都能在我的第一本书里找到。许多滑雪教学只是在为不适合装备做弥补。就算是一个很好的教练也会不时地教你根据站姿和定位自行适应。适应性动作对你的滑雪没什么帮助，但是它们确实能让你更好地滑下山坡。这种滑雪技能是不可接受的，因为一旦雪地状况或坡度有变，你学到的适应性动作就派不上用场。出现这种情况，滑雪者真的就没有办法了。此时，你就要从装备、对齐，或二者结合的姿势等方面克服错误动作并改善平衡了。

表现测试：幻影标枪

平衡能力是每一个滑雪高手的标志。本书的各个章节，将逐步介绍滑雪成功的路径。其中一个是幻影标枪转弯，如图2-10所示。幻影标枪很值得我们学习和练习，因为它不仅仅考验平衡能力，同时也可以提供正确的角度来抵抗压力，通过自然的反应抬起和摆放自由板。如果你能完成这项测试，你就可以进入本科课程了。如果不能，你就尝试花更多的时间练习平衡站立。本科课程是一个很有价值的指南，稳定的足部平衡是成为一个全地形滑雪者的先决条件。

图2-10（a），尽早提起内侧滑雪板，保持其前端略微越过支撑板的一角。要特别注意，滑雪板抬到位之后再向下落。

图2-10（b），当自由脚向外侧翻时，将抬起的滑雪板越过支撑板的一角，加大滑雪板的角度。

图2-10（c），外侧的手和内侧的手保持水平。

图2-10（d），让抬起的脚向支撑脚靠近。

图2-10（e），抬起的滑雪靴靠近支撑板，无需转向。在滑雪板完成所有工作的同时，外侧的脚应该长时间停留在这个姿势上或者伸直。如果腿不进行转向的话，上身就可以保持稳定，你就可以在滑雪板上轻松地保持平衡。

图2-10（f），通过晃动杖的前端来做好点杖的准备。

图2-10（g），做好把滑雪板上抬的准备，并将平衡转移到滑雪板上。转移完成后，先前的滑雪就变成了新的幻影标枪滑雪。确保滑雪板在转弯1/3时抬起。

图 2-10　幻影标枪

本科课程

本科课程教你"防弹"滑雪转弯

当列出各种体育项目的成功要素清单时，我们会发现这些清单的内容大同小异。无论是滑雪、网球、高尔夫、骑自行车，还是钓鱼，在享受这项运动之前，每个人都必须掌握一套基本动作。坚实的基本功需要付出体能，也需要注重细节和实践。但是，如果你有足够的动力达到想要的水平，花时间进行基本功训练就是值得的。

如果你只对户外滑雪感兴趣，基本功就没有那么重要了。不管怎样，即使你不需要精通技术，在山区环境中也需要具备一定的基本技能。锻炼控制能力是掌握技能的必要条件。为什么不学习一些技能呢？这既能给你全面的控制力又可以为你成为一名专业滑雪者奠定基础。基础动作教学体系在训练课程中直接提供了两种需求。

如果你的目标是想感受滑雪带来的快感，那么基本功就至关重要。一些人成为世界上最好的极限滑雪运动员不是靠运气，而是靠他们场下多年的训练。杂志和视频上的专业滑雪者可能会使你对极限滑雪有误解。这些滑雪者都是训练有素的专业人员，会在不同的场地条件下进行各种训练，如自由式、野外滑雪和竞技滑雪。基本功是重要根基，不全身心投入是无法练就扎实的基本功的。

比如说泰格·伍兹，是什么使他在高尔夫球界一直保持王者的地位？除了他的天赋，还有一部分是来源于他的奉献精神。他已经是一个伟大的高尔夫球手了，但在美国公开赛的前一天，他仍然觉得练习两个小时的推杆是有必要的。他这样做，是因为他认为球滚动得不正确。PGA冠军赛的前一天晚上，训练场经理不得不请泰格离开，因为他们该关门了。任何一个能用泰格几分之一的精神去发展滑雪的人，一定能轻松的驾驭各种地形。记住，泰格没有等到机会来临时才去准备；相反，他从一开始就献身于比赛，即使已经受人青睐，赢得各种荣耀也没有停下。为了让学习变得更有趣，我们似乎忽略了一些重要的词语，如"奉献"和"努力"等，因为"工作"听起来并不好玩。换句话说，我们是在避免提起它。我的观点很明确：如果你愿意将自己全身心地投入学习运动表现、技巧，那么成为一个专业的全地形滑雪者是有可能的。这本书提供的只是技术信息，你想要达到什么样的水平，完全取决于你的付出。

我与滑雪教练讨论时，听到了一些有趣的关于基本功的问题。一些认为自己已经准备好学习不同形式的越野（不平整雪道）滑雪的人，以及只习惯在高级雪道上滑雪的滑雪者，他们并不能轻松驾驭各种地形。实际上，很多滑雪者都不了解处理这些情况所需的基本要求。即使他们愿意付出，也是劳而无功。然而，大多数滑雪者并不知道，他们训练的只是基于他们在山坡时的控制技术。这些滑雪者为了保持控制能力而过度使用他们的关节和肌肉，很少能进入粉雪和猫跳的环节。这样的滑雪者甚至不能完成一个完整的比赛或是本科课程。传统的教程中很少收录成为全地形滑雪者所需的基本功。也就是说，那些已经在高级道获得新技能的滑雪者，也在通过基础动作教学体系进一步提升。

网球也是一个很好的例子。打网球首先要学会把球打过网。大部分人在初学阶段都是练习前后挥拍，但仅仅学会这些动作是上不了赛场的。赛场的基础很少能在场下学习到。只有在赛场上你才能学到下面这些动作，比如发球、截击、半截击、近穴击球、网前击球和高远球，这些都很少能在场下学习得到。把这些结合起来，你才会成为真正的网球运动员，而不仅仅是击球手。

滑雪者也可以与网球新手相比较。两者都没有学会完整比赛所需要的基础。猫跳滑雪、粉雪和烂雪甚至走刃，是比赛中必不可少的技能，也是必须掌握的基本技能。这些基础技能却很少出现在滑雪课程中。因此，按理说，大多数滑雪者都是不成功的，也很难进行越野滑雪。

一般场景下的滑雪者想要开启更高级的越野滑雪课，故事情节会很相似。但教练只会说他们缺乏基础，并建议他们多花一些时间在平滑的斜坡边缘上练习。

除非这个复习教程里包含一个"全地形工具包"，否则滑雪者不能进一步提高滑雪能力。练习全地形滑雪动作的特定课程需要演示和训练。没有一些明确和基础的能力是做不到在全地形上滑雪的。教练必须清楚这些原则，否则你只会重复已经学会的动作，而这些动作在一开始就是不够的。

如果你接受了传统方法的训练，有效发展和学习全地形滑雪技术是任重道远的。没有人想通过试错式的持续训练提高滑雪技术，也没人欢迎采取这种训练方法的教练。只要你下定决心并按照步骤训练，本书这传授的一部分滑雪技巧在短短几周内，你就能学会。如果你的积极性很高，你就是将来的全地形滑雪专家。下面将列出完成滑雪比赛的要求，它提供的自测环节可以确认你是否已经获得必要的基础技能。用这本书可用来评估你的进步。要实现真实的自我，必须不畏恐惧地向前，把你的关注点放在全地形的环境上。

基础小回转

　　下面的组图展示了完成比赛时的一系列照片——小回转刻滑。滑雪者完成这些动作后就可以成为全地形滑雪专家了。

　　照片中的滑雪者是我的儿子哈里森，他7岁时就出现在我第一本书中了。这些照片拍摄于他10岁的时候。很多人说，他生来就是个滑雪者，所以滑雪对他来说是小菜一碟，而我要纠正这种错误的认识。在3个月的时间里哈里森和我一起滑雪的时间只有几个周末，甚至1~2周的时间，而且不是按课程计划进行滑雪的。哈里森同时还参加了许多运动，如足球和曲棍球。他一直很努力地按照基础动作教学体系训练自己，才达到现在这个水平。其实你只要全身心投入平衡力和倾斜自由脚的练习中，就可以很快习惯全地形滑雪。如果哈里森没有学会这些动作，他也可能陷入搓雪和旋转的错误中，这将阻碍他进步。

完成竞技滑雪

图（a）哈里森平稳地站在滑雪板上。

图（b）在几乎与前一张照片完全相同的位置，哈里森向板刃抬起自由脚。他控制住身下的自由脚，也就是滑雪板尾，将其抬起并高于前端。

图（c）哈里森通过抬高滑雪板尖端把他的平衡点转移到末端，同时，滑雪板也在做着转弯运动。

图（d）哈里森抬起雪杖，做好点杖运动的准备。

图（e）哈里森放松腿部肌肉，放平滑雪板。

图（f）哈里森在下一个弯道时抬起自由脚，以便开始朝外刃倾斜。

图（g）哈里森倾斜自由脚形成一个稳定的站姿，开始刻滑。

图（h）哈里森控制自由脚在臀部下方，增加缩短弯道半径的压力。

哈里森展示的这些重要能力，表明他已经做好了在全地形和双高级道滑雪的准备。这些能力有：

- 从一个转弯到下一个转弯时保持平衡。
- 雪杖适时挥动而不使上端旋转。
- 保持滑雪板在同一角度。
- 出于平衡和倾斜的转向动作，而不是出于腿部转弯或扭曲。

- 用自由脚控制前后平衡。
- 手和胳膊跟着雪杖摆动时自然地做出支撑姿势。
- 上下身保持协调。

还有一个没有出现在列表中的额外能力，你知道是什么吗？如果你回答"腿部旋转"，那么读完这本书后还有很多滑雪功课等着你。答案是，腿部伸缩。尽管哈里森在这里没有必要使用这个技能，但他也没有展示任何伸展弯曲动作。我相信他在崎岖陡峭的地形滑雪时，会使用收缩或伸展动作来释放滑雪板。

以上关于哈里森"完成全地形比赛"必备的基本要素列表中，粉雪、雪包和卡宾可以分成3类：

- 平衡管理标准。
- 上下身协调。
- 使用脚和滑雪板刃角的意识。

在整座山上滑雪，你需要做一个稳定的小回转。前面已经讲了完成小回转的基本要素，也就是基础。为了使你能越野滑雪，接下来会细讲小回转。这是上下身协调和正确使用雪杖技能的延伸，对于越野滑雪来说必不可少。

通过两个基础要素帮你做到平衡：第三章的"两个既快速又简单的改变"和第四章的"双脚释放"，保证你会学会在正确的滑道转弯。它分解了你开始转弯时的具体动作，这个"释放"有几个变化，对于全地形滑雪者很重要。学习"释放"后你的滑雪将会有不一样的变化。

尝试着在小回转中做出释放动作。如上图所示，在连续转弯的同时做出释放动作。做这一系列的动作，可以测试你小回转时的平衡性。你在第一次做时可能做不到那么完美。那么在练习时就放慢速度，强调平衡性和正确动作。

使用每个练习中描述的外部提示。第一，从任一只脚释放或从板刃上坡循序渐进地释放，再逐步压低滑雪板，这些操作决定你能否成功。第二，训练自己控制滑雪时的倾斜能力。如果你失去了控制并且发现滑雪板放平速度太快，它会限制滑雪板继续转弯。第三，每次转弯都必须记得让滑雪板重新定位到雪线（特指直线下坡），在那种情况下让滑雪板保持平衡是十分重要的。平衡在这种情况下意味着转弯时滑雪板要轻盈和翻转地创造动作。没有哪个转弯是在滑雪板上启动的。滑雪板完成转弯折回山坡的另一个方向（几乎停止）时，请确保你前后平衡并且做好在下一个转弯时释放的准备。学习过程中可以每一次释放完停一停，来调节下面的动作。本章节细化自由脚动作的部分可以帮你加强平衡力和滑雪板控制力。练习完后，你就可以更加灵活地使用你的滑雪板了。

学完释放动作后，你要确保释放动作在每一个转弯都可以完全展现，而且尽量避免在你的技术里有任何"限制因素"使得你付出努力但却无法进步。第五章可以帮助你以低能量的方式滑雪，从而获得最佳运动表现。该技术适用于所有情况，不限制释放的大小、形状和自由脚转弯时的半径。

这本书的大部分章节都有一个表现测试部分，这样就可以评估你的进程了。当达不到表现标准时，你也许会反省是不是自己做错了什么。大多数情况下，不是你的动作出了问题，而是你还需要多加练习或者细化动作。你需要运用成功的指导来加强你的练习，尽你所能地按照章节所列的步骤练习。

去年春天，我们基础动作教学中一节教练认证课上出现了一个问题，一位教练在中级道等级认证时完成不了猫跳。

他的滑雪板在几个转弯后裂开了，在下坡时影响了他的猫跳，打乱了他的节奏。这种情况是由于在进行直线下坡滑雪时缺乏平衡能力造成的。这个教练分开了他的滑雪板，使用内侧滑雪板作为平衡支撑。我带他到了下一个滑道的顶部，然后问他是不是在转弯的开始就压低滑雪板。很明显，我认为他给的力量不够大。他说在转弯进行到一半的时候，他努力地用自由脚压制滑雪板，但其实这样会失去平衡。我让他站在对面的上坡滑雪，同时抬起下沉的滑雪板。我用我的雪杖推他的山下板离开山上板。我让他重新压上来并且与山上板保持接触。他不断施力，最后终于把滑雪靴摆回到了一起。他问道："我必须努力保持我的滑雪靴在一起吗？"我说："是的，直到你知道它是怎么工作的为止。"就在第二天一系列的转弯测试中，他在猫跳环节做得最好，这令他大吃一惊，没想到一个小动作的改变会带来不同的结果。他的教练看到他的改变都不敢相信。最后，这位教练成功完成了中级道等级认证。

这个例子说明了细节在滑雪中是多么重要。这一突破的技术性不是很强。它只是其他高效滑雪者提炼出的一个细化方法。认真地完成每一个新章节并细化本科课程的训练。我提到的这个教练发誓说，这个细化绝对是有作用的。

下面的"故障排除指南"将帮你确定哪些地方需要改进，或者提高小回转能力的注意事项。

目标	练习或重点	好处
提高平衡	间距较小的站姿（第三章）	方便平衡转换
更多滑雪表演	减轻或抬起滑雪板（第三章）	迅速转换，提前平衡，提前控制滑雪板
连续小回转时保持平衡	通过轻抬先前外侧滑雪板来把平衡转移到支撑板上（第五章）	平衡转换
小回转	修正自由脚，把自由脚拉回到滑雪板上保持不动（第六章）	增加末端压力，上身居中
保持对应滑雪板的刃角	较低滑雪板在较高滑雪板之前放低（第四章）	挪开较低的滑雪板（从道路上移开），让滑雪板重新定位到转弯
	控球练习（第六章）	正确动作的顺序；双腿之间的张力保持一致
更省力的滑雪	转向前，把自由脚拉向支撑滑雪靴一侧，同时向外刃倾斜（第五章）	在身体中部做出动作，控制滑雪板，进入下一个转向
加快转换	放松，弯曲支撑腿再开始释放（第七章）	让惯性带你身体进入下一个转弯
控制释放力	从山上板板刃释放（第四章）	加快转向速度，加强平衡，提高板刃变化的通用性
上半身的协调	稳定雪杖（第十章）	倾斜滑雪板时身体中上部保持平衡

第三章
坚实的小弯滑行

　　一个坚实的小弯滑行是所有高山滑雪的先决条件，但是，我发现大多数滑雪者在滑雪过程中都没有小弯滑行这个动作——当然，他们可以做推挤、打滑的小弯滑行，但这些还不够。你一定要在自己的命令下做一个简短的转弯动作，这才符合全地形滑雪的要求。大多数滑雪者，甚至一些高级滑雪者，普遍存在以下不足：

- 雪杖的摆动与转弯不同步，缺乏上下身协调。
- 转弯时，没有平衡的转移。
- 在进出弯道时，滑雪板与雪地保持不同的角度。
- 外侧的滑雪板扭转，打滑，被推到边缘。
- 屡战屡败地把内侧滑雪板向外侧滑雪板靠，达成平行的位置。

　　小弯滑行是所有高山滑雪者的通用技术。没有它，你就像是不带武器参加战争的士兵。没有充分准备小弯滑行的滑雪者通常会这样描述："在平坦的地形上可以很好地行进，但是在陡峭或颠簸的山地，我就难以控制我的速度。"

这一描述似乎大家都深有同感，但只要及时纠正，滑雪者的滑雪水平就会一直保持下去。不幸的是，90%的滑雪者都存在这种情况，但基础动作教学体系没有让任何出现这种情况的人失望过。

两个既快速又简单的改变

本科课程会介绍在全地形条件下滑雪的具体战术。通过本科课程，我们将建立一个你可以依靠和利用的小弯滑行体系。你很快就能发现你的进步。现在只要做出两个既快速又简单的改变，就可以解决你的燃眉之急。

两项改变看起来简单并且易于接受，成效也很明显。这些变化可能会与你的滑雪动作冲突，或是与你之前所学到的大相径庭。你没有必要担心这些，结果会说明一切。毫无疑问，你会为你的滑雪效率提高感到高兴。让我们一起从脚间距较宽的姿势开始学习吧！

第一个改变：减少受力面积

在这里，我用一种轻松且容易保持的姿势做一个短暂的转弯。自由滑雪板可以完全自由倾斜，我可以把它向后臀部拉伸，也可以将平衡从一只脚转换到另一只脚。在这一情况下，如果遇到了粉雪、撞击和岩石，我不需要变换不同的技术，因为这是一个完全通用的方式。在一个缩小的滑雪支撑点中，使用紧凑的姿势，可以很快调整滑雪平衡，如图3-1所示。

图3-1 缩小滑雪支撑点

成功小贴士
- 保持内侧滑雪板是轻盈的或离开雪地的，来确保在外侧滑雪板上的平衡。
- 让内侧靴碰到支撑脚，从而学习脚间距较窄的姿势。

生物力学优势
- 处于紧凑滑雪支撑姿势时，脚部的微调就可以使你的身体移动得更快。

图3-1（a）放轻内侧的自由滑雪板，并将其倾向外面的外刃。

图3-1（b）弯曲双腿，准备释放。

图3-1（c）保持两个滑雪板在相同刃角度。

宽站姿是滑雪中最虚弱的姿势之一，然而每天都有人被教授。宽站姿迫使你将重心分散在两脚之间。这一位置使人很难在颠簸和陡坡的快速运动中保持平衡。有雪包时，宽站姿会让你的滑雪板处于完全不同的水平线上，导致你在紧凑的槽中感到不适。在柔和的雪地里，这会使滑雪板快速和意外地靠拢或分叉。其结果是经常摔得脸着地。宽站姿会使你滑得很僵硬，腿的姿势也很不雅。现在肯定有人会问我不雅的意思是"别扭"还是"笨拙"？我会说两个都是。滑雪时，把滑雪板和脚分开滑雪是别扭和低效的，会消耗大量精力。用过我们基础动作教学体系的人都会感到欣慰，因为他们知道怎么做是正确的，并且基础动作教学体系会鼓励他们用更紧凑的姿势滑雪。说说看，你喜欢滑雪的哪一点？大多数人说喜欢滑雪时优雅的姿势。而一个宽站姿对优雅的姿势没有一点帮助。

窄不等于贴合在一起

我们所讨论的紧凑的距离，不是20世纪五六十年代做的双板平行转弯滑技术的锁脚。脚应该保持自由活动，但腿要保持接触。实现脚的分离（两只靴子之间的距离）是很必要的，重点不是宽度，而是水平面。内侧的滑雪靴可以与外侧的靴子分开，但仍然与外部的腿紧密相连。在侧平面的踝关节之间的空间应该保持紧凑（约几英寸），如图3-2所示。请注意，在这个激进的转弯中，垂直距离（一只滑雪靴比另一只高）可能会很大。我的自由脚靠近支撑脚，但和支撑脚保持垂直分开。这段距离不仅是要求的底线，而且对在雪上形成合适的身体角度也是至关重要的。

图 3-2　横向接近与垂直分离的脚

第二个改变：平衡转移，单脚站立

戴安娜展示了一个简洁、干净的受力脚的平衡转移，如图3-3所示。她只需提高滑雪靴的后方位置，并将整个滑雪板和脚向外侧倾斜，这样做，支撑脚就不会启动扭转或转弯动作。支撑脚的所有动作都是被动的，是对自由脚启动动作的反应。

图 3-3　一个简洁的平衡转移

图3-3（a）在前一个转弯中，外侧的滑雪板保持平衡。

图3-3（b）通过摆动雪杖增加屈曲度。放松站立的姿态，保持平衡。

图3-3（c）先前的支撑腿已被释放和解除，注意自由滑雪板和靴子是如何被拉回来并保持位置不变的。

图3-3（d）自由脚倾斜并保持接近支撑脚，建立平衡或以新的姿态滑雪。

图3-3（e）转弯完成，在外侧滑雪板上保持平衡。

抬起一边滑雪板，使另一边保持平衡，是提高小弯滑行水平的一个方法。所以，不要两只脚站立！我记得在我的比赛生涯中，国家GS竞标赛

成功小贴士

• 把自由滑雪板尾部抬到离雪地几英尺高的地方。

• 转弯过程中，保持自由脚对立于支撑脚。

如同惠斯勒山的雾中跑步，我的下坡滑雪就像在水上船尾流中跳跃一样。每次滑雪板弹起时，我都会失去最佳距离，后来才意识到我从来没有在滑雪板上保持平衡。每次板刃的转变都会导致我的重心变动——不是在滑雪板的内侧，就是上坡的一侧。外侧的滑雪板有承重，但是我的平衡感并不足以支撑外刃的震动。当我意识到自己犯了这些错误时，我就把我的重心转移到滑雪板上并建立平衡。有意识地转移和建立平衡利于提高我的旋转能力，即使是在最艰难、最颠簸的雪道上。

结合这些来之不易的经验教训，基础动作教学体系帮助无数学生更快速、更愉快地学习。这一课程从一开始就教你单脚平衡，让你成为一个更好的滑雪者。当滑雪板切入雪地里时，理解并切身感受你身体的平衡性，这与不和谐的弹跳有着天壤之别，但很少有滑雪者知道它们的不同。

把抬滑雪板的能力或者一系列转弯能力作为额外的练习，是学习平衡滑雪的基本要求。当你学会了感受并做到抬起动作后，你就会注意到你的转弯变得更平衡更稳定。你之前的转弯技术与现在相比相差甚远，甚至都不能拿来比较。用这个新技术在不同雪道平面上滑雪，会大大增加你的自信心。一旦你完全掌握了平衡和转移技术，强抬滑雪板的情况就减少了，这时你可以让滑雪板在雪地上，或者只有在必要时才抬起滑雪板。这样做可以帮助你确认平衡的转移，并且判断你在转弯时平衡感的好坏。赶快加入学习！通过抬起滑雪板来转移平衡，可以让你更快地学习有速度有惯性的转弯。当你意识到在不完全抬起自由脚又能在支撑脚上保持平衡需要多少减速时，你会发现轻轻抬起自由脚就行。

你应该抬起多高？

这个练习不需要把滑雪板抬高约12英寸（30.48厘米），只要提升滑雪的动作使滑雪板完全平衡，抬升约1英寸（约2.54厘米）就像抬起约1尺高一样有效。当你熟悉了平衡，并且能够在精确的时间内转移，放轻滑雪板就足够了，如图3-4所示。

图 3-4 自由脚的充分抬起

图3-4（a）完成转移，轻轻提起自由滑雪板的后部。

图3-4（b）把自由脚的后跟向后拉至臀部以下。

图3-4（c）保持自由脚与支撑脚对齐，滑雪板尾端微微翘起。

图3-4（d）滑雪板可以放在雪地上，但只能轻微接触。

图3-4（e）滑雪板的尖端可以比另一只滑雪板的尾部更高，以完成转弯。

避免自由脚抬太高

在图3-5中，自由脚抬得太高了，这会给靴子和滑雪板的前部带来太大压力，可能会导致支撑脚滑雪板的尾部打滑。滑雪板抬得过高，会给腿部的肌肉带来过度的劳累。这种姿势在地面很硬的地方是很容易疲惫的。

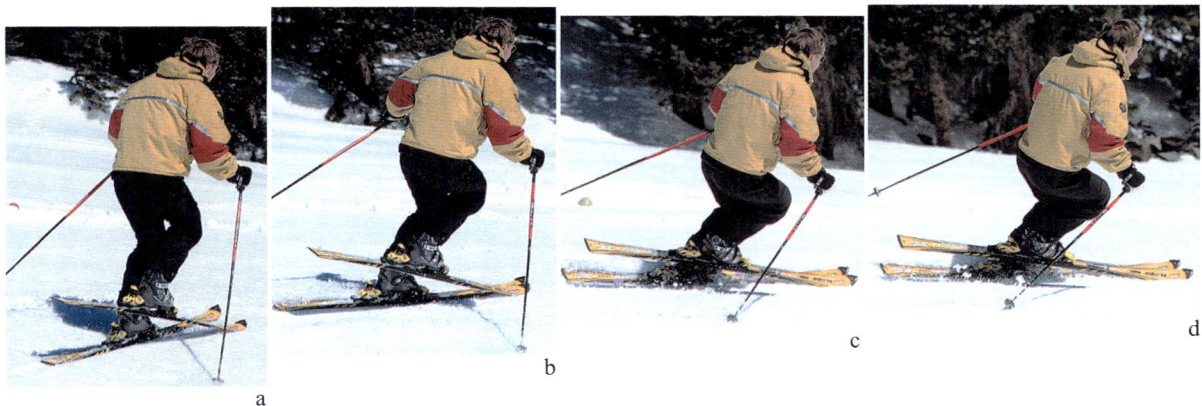

图 3-5　自由脚抬得太高

大面积接触地面保持平衡的谣言

　　一定会有指导者或教练认为把滑雪板抬起来是没有必要的。这些教练的年轻学生在平衡转移和稳定性方面会出现一些问题。你会注意到世界杯比赛中的选手滑雪时有时双板都在雪地上，有时抬起一块滑雪板。这样做的原因是，他们知道如何保持平衡，或如何抬脚来保持平衡。他们花了数小时来训练和学习平衡能力，是希望他们能够在需要的时候抬起一块滑雪板，并在任何一个特定的时间点上把它留在雪地上。如果你能在一块滑雪板上保持平衡，你肯定也能在两块滑雪板上保持平衡；但如果你只能在两只脚的情况下平衡，就不一定能做到单脚平衡。对于还没有学会在一块滑雪板上保持平衡的滑雪者来说，锁定双脚的宽度和姿势是他们唯一的方法。当世界杯比赛的选手在平面雪道时，他们可以在雪地里完美地保持平衡，并且在滑雪板上完美地转移平衡。很多教练让学员们东施效颦，只让学员们模仿这一种姿势。教练认为，两脚放宽并保持力量平衡，就能成功，但他没有意识到的是，世界杯参赛选手已经完成了他们的基本功课，所以，他们在滑雪时能更有效地保持平衡。而学员们需要通过正在学习的这些步骤来掌握平衡技巧，其中很多人漏掉了这些前期训练环节。大多数的业余滑雪者都像我们年轻的选手一样，困在两脚的宽度和姿势上。

第四章
释　放

　　释放是启动转弯的首要动作。我们之所以要学习释放技巧，是因为当我们在飞雪和杂质中滑行时承担不起技术上的失误。而一次规范的释放要比滑雪时再去纠正错误动作好得多。对于释放而言，理解基础力学很重要。我将从各个角度举例分析为何释放能够影响滑雪以及被广泛应用于滑雪。

　　《谁都可以成为滑雪专家》中并没有提到释放力学，本书增加了这方面的知识。在上一本书中，有几章专门介绍了释放基础动作。如果不熟悉，可先回顾一下。这里的高阶动作都是由基础动作演变而来的。

　　所有山地滑雪者都必须具备扎实的释放功底，并且擅于完成上下坡动作。比起平面的雪道，在有杂质或有雪包的雪道上，对板刃精准的控制就会显得至关重要。如果动作不对，就会控制不好。这些高级的释放技巧能帮助你学会怎样从始至终让你的滑雪板保持同样的板刃角度。

　　由于其中目标之一是双脚释放，我们得学习如何在雪地里同时改变双脚板刃方向至同侧。之前的章节提到的"幻影移动"可以指导你减轻上提滑雪板，以逐步过渡到双脚释放。基本动作是相同的，这里只是提升和倾斜的改进。稍微地进行练习便可以完成，整个章节都是此类释放动作。

　　稍后，在第八章，你将学习负重释放。对比两者区别并加以融会贯通，你会学到"漂移"技巧，到那时你就会明白双脚释放在雪地里有多重要了。

双脚释放

释放前调整你的靴子和滑雪板

从起始点开始，将注意力集中在滑雪板上，并放松身体。较低板会承受重量，然后抓地。山上板开始往上、往侧立滑雪板倾斜，和山下板与雪的角度是相同的。因为外旋肌相比内旋肌没有那么好的脚踝立刃和回旋力量，所以这个起点姿势会需要更多精力让山上板挪到与山下板相同的角度，如图4-1所示。

图 4-1 双脚释放：小弯道的基本释放

图4-1（a）在中级道坡上对面开始滑，把雪杖底端插入雪中做支撑。

图4-1（b）放平山下板，让滑雪板同时移动。

图4-1（c）雪杖尖端会往斜坡倾，压住山下板，把它与山上板对齐。

图4-1（d）使用雪杖支持自己站在外侧站板上，这样做滑雪板会稍稍向下移动。

图4-1（e）在这里必须注意的是，我没有跟着雪杖沿着斜坡向下移动，它仍然在同一地点。手握雪杖，开始倾斜自由板，并进行站姿启动。

图4-1（f）把自由脚拉回并对齐支撑脚，准备在另一个方向开始释放。用相同的办法，把雪杖插入脚下的下坡，使用相同的释放步骤。

细化

在练习中经常会发生一个普遍的错误：把山上板拉到边缘。这能从山上板比山下板提早压平，或从尾板扇动看出来。如果你在山下板释放到滚落线之前不断地把山上板拉成一条直线，那么你从下一个练习"从山上板刃释放"开始吧。把山上板拉成一条线证明你并没有释放较低的滑雪板。

滑雪板到达滚落线时，自由拉回内侧脚，并且用力向外刃倾斜。做这个动作，你要比之前的动作更倾斜。如果滑雪板在雪上，拉回内侧脚并用力向内侧倾斜，直到它的外刃在雪地上慢慢移动。

粉碎同时发生板刃变化的谣言

传统的教学体系中"同步腿转弯"的术语，用来解释从一个转弯到另一个转弯如何操纵滑雪板板刃。在这里我要提醒滑雪者们，这一术语具有误导性，实施同步腿转弯可能会让你的滑雪技术停滞不前。这么多的滑雪者很难完成一个有力的平行转弯，是因为他们在滑雪过程中试图扭转他们的腿，而不是倾斜或翘起他们的滑雪板。用腿控制滑雪板开始转弯会造成两块滑雪板的合并倾斜，并且在转弯时打滑。我很清楚这种现象。注重双腿同时转向导致许多滑雪者深受楔形转弯困扰，但是他们仍然认为自己在做平行转弯。真正的平行转弯需要连续的动作——但是这一系列动作需做得非常标准。人们之所以对这一问题产生困惑和误解，是因为这些动作是通过有经验的滑雪者照片来描述，而没有从研究生物力学的角度出发。我承认，如果我只从有经验的滑雪者提供的照片中描述你的腿部动作，那么只能能看出腿转动或旋转。然而，在这些照片中学不到的是腿到底在主动地做出转动，还是在被动地跟随运动链中的前一个动作转动。

在基础动作教学体系中，以身体为基础开始倾斜或翘起滑雪板——在脚部或滑雪板上——确实会对身体的某些部位产生连锁反应。全神贯注于你的动作，有利于准确控制滑雪板的角度和方向，同时也有利于保持平衡。在下面的示例中，我们会从基础动力链中领悟到对你有用的动作：站在斜坡上，移动滑雪板，同时增加两个滑雪板的角度。使用脚和脚踝的力量倾斜和翘起滑雪板，然后减少滑雪板板刃的角度。这时如果你仍要继续向锐角角度移动滑雪板，你会注意到，当滑雪板与雪面角度增加时，你的脚会向陡坡旋转，当滑雪板与雪面角度减少时，你的腿会向外旋转。我们称之为被动的、次要的，或者又叫合腿旋转。腿的旋转可能是滑雪板倾斜的原因，但这并不影响你的实地操作，所以也不需要深究。

当你有意地把腿朝向滑雪板扭动，这就是主动性腿扭动。使用这些肌肉控制滑雪板板刃和方向的作用是微乎其微的，这不仅会降低你的滑雪控制能力，而且也不利于你下一步学习。

在基础动作教学体系中，平行转弯会更注重于解释如何从上一个动作转弯过来，实现外侧板或山下板的释放。很明显地会占用更多的章节在上坡和下坡滑雪上。在转弯处释放，首要的是启动。这只是转弯瞬间许多动作的一部分，用以进入下一个弯道——这是最基本的转弯控制。随着转弯的进行，特别短而急的转弯，之前的外侧滑雪板转变为内侧滑雪板，在释放后必须继续更用力地倾斜滑雪板外刃。之所以强调这个动作，是因为向外刃倾斜比向内刃倾斜更难，内侧大腿肌肉控制内侧旋转比外侧旋转更具有力学优势。肌肉的运动是息息相关的，在转弯时，上坡脚、踝关节和腿部要比下坡时更容易移向外刃。山下板，或刚刚位于内侧的腿必须弯曲并在身体下朝外旋转。腿必须弯曲且向外旋转下半身。要想完成这个动作你需要大量的练习。如果你对于这些内容一无所知，那你就要多费一些功夫了。

从山上板刃释放

从山上板的外刃处释放，是所有想要在滑雪上有所提升的专业滑雪者都必须提升的技能。开始下坡前，滑雪者需要慢慢地减小山上板的刃角。紧接着雪杖尖部倾斜下降，滑雪板的尾部也会紧跟其后。保持自由脚和靴子接近支撑板。转弯时，将两只靴子内侧踝拉紧并固定在一起。这时，如果在你完成转弯之前失去平衡，自由脚掉落或触地，你就得重新开始。当支撑板开始下山时，就马上把抬起来的滑雪板指向外，然后试着在两个滑雪板长度的垂直距离内完成转弯，如图4-2所示。

图4-2（a）提起较低板，与较高板并拢，并且在练习中不能分开，同时，你可以随时检查靴子是否分开。

图4-2（b）开始把抬起的脚向侧立滑雪板倾斜。自由脚倾斜时，重心会从上面的侧立滑雪板移到下面的侧蹬滑雪板，这时用雪杖保持平衡。

图4-2（c）控制支撑板滑雪到平地的速度，切记保持低速。

图4-2（d）向外侧倾斜时，继续用自由脚压住支撑脚。轻轻往回拉支撑脚可以保持滑雪靴前后平衡。

图4-2（e）你要注意这个过程的一系列动作是怎么完成的，尽管下坡时滑雪板改变了方向。完成这个动作不仅要扭转滑雪板，而且要释放板刃，倾斜自由脚并且在支撑板上保持平衡。

图4-2（f）因为自由脚前后对齐了支撑脚，所以支撑脚看起来在阻挡着自由脚。但是两只脚保持这样的姿势产生的转动力量，就是你的生物力学优势。

图 4-2 从山上板刃释放

生物力学优势

· 急速有力的转弯，有助于你在抬起自由脚时保持平衡。

成功小贴士

· 单脚平衡，自由脚始终保持抬起。

· 始终把你的靴子紧紧并在一起。

动作和调速

在转弯的过程中，每条腿的动作是不同的。腿的移动和旋转方向都各不相同，这就是开始移动或者首先释放较低板的重要性。如果想要在同一时间移动两条腿，占主导地位的上坡腿就要内旋，你会更易于进行快速反应。大多数滑雪者的"内部旋转反应"已经非常熟练了。比如下坡或者站姿滑雪，滑雪者必须释放夹紧的大脚趾，放平滑雪板，然后往外刃倾斜。因为侧向大脚趾的动作或侧向小脚趾的动作很容易完成，并不需要过多用到滑雪板板刃，而需要控制速度并且让速度慢慢降下来。如果你抓住时机进入下一个转弯，这会让你的滑雪板尾部分开，在转弯时变成楔形——这是腿部的主动旋转。理解这个过程后，我们可以知道较低板需要在较高板之前倾斜，才能在双板释放和接触中保持相同的刃角度。

许多滑雪者很难学习这个新的序列，因为传统的体系强化了相反的运动。如果你像大多数人一样学会了传统滑雪动作，你肯定是先学会犁式和挪威式转弯。因此，你显性的动作规律是移动侧蹬滑雪板时，将大腿内收和旋转，从而在犁式滑雪时扭动滑雪板。传统的教学体系依赖于这些运动控制和转向。

在基础动作教学体系中，下山滑雪时使用相对的肌肉群进行释放，在支撑板上转弯，并且要向内刃内旋。

要想成为一名优秀的滑雪者，你必须摒弃之前的腿部控制和旋转动作，这就是为什么我在第一本书和教学视频中提及传统教学进程，并认为那是死路一条的原因。你在不断练习和完善技术的过程中可能会有挫败感，但是成功之路只有一条——不断练习，发现并改正自己的不足。

通过基础动作教学体系指导平行体系，你会发现其中的内容与你之前学到的截然不同。所以，你要在了解差异后对比改正，如腿的旋转。整个基础动作教学体系中有许多随心所欲地控制腿来实现滑雪板倾斜和翘起的技巧。另外，你要在尽可能节省体力的情况下，提升平衡感和控制滑雪板。当你用基础动作教学体系中的方法进行释放时，你的身体会有意和有控制地完成转弯。

从山上板刃中释放双脚

就像走在陡峭的山坡上你的脚和脚踝用同样一个角度保持抓地力一样，你的滑雪板和靴子的板刃必须紧紧抓地，用脚和脚踝控制主要动作。开始之前，确保你的滑雪板在斜坡上时保持刃角度，然后双板释放。站在滑雪板的中心，双脚垂直于身体。首先放平较低板，然后放平较高板。放平较低板时注意施压，如图4-3所示。再一次强调，这项技巧和基础释放中滑雪板倾斜时减轻重量是不一样的。尽量不要习惯性地让山上板在山下板之前倾斜。这一注意事项是避免在释放时让山上板的外蹬滑雪板扎进雪地的关键。

图 4-3 从山上板刃中释放双脚

释放的其他方式

开始双脚释放的另一种方式是减少较低板抓地力。把较低板压向外侧板刃，让滑雪板外侧落在雪中。同时，让较高板紧跟其后，保持脚和脚踝一起移动。请注意，这时较高板有一个轻松完成释放的机会，因为这时它是朝外蹬滑雪板或内刃雪板移动。由于形状扁平和抓地面积小，滑雪板可能会打滑。这时两块滑雪板作为一个整体一起滑动，就像单板滑雪。使滑雪板保持相同的角度，能使滑雪板更容易预测和掌控，也会更易保持平衡。

放平滑雪板应该是渐进的，不应该一蹴而就——两块滑雪板是一样放平的。倾斜滑雪板，然后开始下坡滑雪。这一瞬间，滑雪者们会习惯性地往后仰或往后"坐"。

相反，下坡时保持你的脚与臀部垂直，然后臀部和脚与滑雪板一起移动。这时不需要使用肌肉力量来带动滑雪板，只需要简单地倾斜下山。当滑雪板直接面向滚落线，这时的释放才是完整的。两个滑雪板都应该平放在雪地上。这时不应该急于扭转滑雪板进入下一个转弯，而应让滑雪板继续往前滑。如果在平坦的雪地上很难体会这种感觉，你可以找一个能接受的坡度，尝试着滑动滑雪板。花些时间去感受在雪地上平滑的感觉。

滑雪板在同一时间放平

在从一组板刃向另一边滚动的过程中，每个滑雪板都是平坦的。两个滑雪板可能会同时放平，也可能其中一个会先于另一个。在转弯时察觉这个转折点非常重要。然后你要对齐两个滑雪板。尤其是在地势不平坦、积雪很多的情况下，两块滑雪板更应尽可能同时放平，越久越好。避免外侧滑雪板向踇指或内侧板刃倾斜。在能控制内侧板和使外侧板被动地向外倾斜时，你将会有控制地、平衡地完成平行滑雪。

直线跑

当你的滑雪板在平坦的雪地上滑行时，你可以经常用这种方式。在滑雪场有很多机会进行平滑。当你到达山上的滑雪点时，你就可以跑直线了，特别是在雪猫轨道上或平坦的地方。当你要把滑雪板平放在雪地上时，把双脚紧靠在一起。找到一个可以把滑雪板完全放平的地方，保持滑雪板平行，然后快速瞄一下滑雪板，确保它们是平的。有许多怀着急切心情的学生找到我，想要学习平行滑雪。我们来到一个平坦的地方，我让他们练习平行滑雪。之后，我指出他们的滑雪板是处于楔形位置，根本不可能笔直滑行时，他们都感到不可思议。如果你不知道你的滑雪板是楔入，你将永远不会平行滑雪。你可能不太理解，滑雪过程中滑雪板如何紧密地在一起。针对这个问题，你必须让滑雪板在雪地上平行滑动。许多滑雪者不会成为平行滑雪者，因为他们已经习惯了双脚分开的姿势。开脚站姿使滑雪板在两个内刃上，意指它们不平坦、不水平，也没有相同的角度。在直线跑中，滑雪板是否平坦和平行是很重要的。

演示检查

如果你能在每次转换中始终让滑雪板保持水平，你在滑雪之路上就迈出了一大步。在没有障碍物和其他滑雪者的平坦地形上，在板刃变化时向下看你的滑雪板，保证你能正确控制你的滑雪板和板刃。放慢滑雪板的速度，在转弯过程中观察滑雪板，是不是两块板一起换刃。

第五章
让自由脚转向滑雪

　　我们必须要扭转传统滑雪概念：转动滑雪板时，滑雪的乐趣就会减少。所以，为了找回滑雪的乐趣，不要转动滑雪板。

　　学习了基础动作教学体系中的关键部分，即便你转动滑雪板同样也可以做到很好的转弯。在这一章，我们回顾了《谁都可以成为滑雪专家》。在接下来的章节中，你将学习如何转弯，并给自己时间通过"浮动"来达到平衡。这个新概念将很快改变你在转动滑雪板时的旧习惯。因缺乏基础动作教学体系的基础也必须被逆转，即"无身转弯"。实现"无身转弯"，需要付出努力。我已经开发了几种新的方法来解锁身体，以发展"上下身协调"。

　　通过第三章的"两个既快速又简单的改变"，即缩小你的支撑点和单脚站立，你可以快速消除最普遍的两种滑雪问题：转弯打滑和失去平衡。其实改变一些你已经学会的技术并不难，做到这些改变，就可以成为进步最大的滑雪者了。事实上，当我们学会"幻影移动"时，你就可以消除所有的错误动作，并且做出正确动作。

限制因素的分析

　　在改变滑雪姿势之前，首先要找出限制你进步的因素，这一点非常重要。真正的技能是区分实际原因和限制因素的视觉表现能力。这里有一个例子：当滑雪者转弯时，教练很容易看到滑雪者上半身转得角度过大。这里的逻辑诊断是，你正采取极端的上半身旋转来弥补腿部转向的不足。大多数传统的教练会告诉你增加腿部的旋转或转向，来转动你的滑雪板，这样做可以减小上半身旋转的角度。此外，他们可能建议你在增加腿部转向时对抗上半身的动作。

　　这个解决方案似乎是合乎逻辑的。也许你的旋转技能是不够的，但这种方法在实际应用中将会出现这样的问题：它并没有增加腿部转向。首先，这是一个内部提示，所以很难控制或者感受旋转的程度。如前所述，内部提示对于产生功能运动是无效的。其次，在不引起中、上半身旋转的情况下将腿部变得更加有力几乎是不可能的。因为肌肉运动需要运动肌肉来移动大腿和躯干。最后，转向你的滑雪板和转动你的腿来创造旋转，消除了滑雪板生物力学的设计优势。

　　其实最实际的限制因素是滑雪板的转弯。通过基础动作教学体系可以克服上半身旋转问题：在上述情况下，身体很少或者几乎没有运动（我称之为动力学链的基础）。所需要的运动是将自由滑雪板向外刃倾斜，使其向着侧边滑行，从而利用生物技术优势。我介绍了一些新的活动，让学生了解滑雪板及其角度问题。这些提示是外部的，使滑雪者可以判断自己的练习表现。它的目的是用新的、高效的滑雪倾斜动作来代替旧的、有力的腿旋转和转向动作。

　　在改变某人的滑雪方式时，有一个重要的考虑。即使这项技术是不正确的，这也是这个人现在能够滑雪的唯一方法。如果你要改变一个滑雪者所依赖的方法，你必须创造一个更好的方式来代替它。在这个例子中，滑雪者在旋转上半身。只有学生学会如何有技巧地使用滑雪板来帮助产生一个转弯，他才能够减少通过旋转上半身来达到旋转滑雪板目的的做法。

　　如果你打算通过这本书来自学滑雪这项技能，你就是你自己的教练。当你准备学习一种新动作时，你必须知道如何以一种易于学习的方法来介绍它。为了帮助你成功，把这些动作分成足够小的部分，这样你就可以在练习中进步。

　　让我们把这个方法应用到上面的例子中。这个过程开始于一个平坦的斜坡，学习如何识别自由脚的倾斜和支撑脚的平衡。我将从介绍自由脚的脚踝立刃和倾斜开始，描述如何使山下板滚动，或怎样让它向外刃倾斜，把它压平到雪中。这可以使滑雪板从转弯中解脱出来，所以一个新的转弯可以在没有刻意转向力的情况下自动进行。然后将注意力都集中在滑雪上，接着继续向外刃倾斜，直到另一个滑雪板开始转动。

这个例子展示了学生成功开始的关键因素：简单的步骤和外在的暗示。下一步是学习创建一个平衡转换器的构建模块，这是幻影移动的基础。幻影移动（如图5-1所示）在我的《谁都可以成为滑雪专家》中曾介绍过，现在更加完善了，并且它因有效性而成为"传奇"。

图5-1（a）开始放松腿部以完成转弯。

图5-1（b）用手腕摆动雪杖。

图5-1（c）在雪地上轻拍雪杖，并且平展目前的姿态滑雪（放低滑雪板）。注意身体位置的变化，通过抬起站立脚使其成为自由脚来完成动作。

图5-1（d）自由滑雪板的顶端与雪地接触，并使滑雪板的尾部与雪面分开。

图5-1（e）保持滑雪板并将自由的滑雪板进一步拉向支撑脚。

图5-1（f）平衡新的滑雪姿态。使滑雪板接触；不要操纵或转动站立的腿或滑雪板。

图 5-1　幻影移动

成功小贴士

• 使滑雪板尖端外侧板刃接触雪面，并使滑雪板尾部保持在积雪上方几寸的地方。

• 触碰自由脚至支撑脚内侧的踝部。

幻影移动

在幻影移动的名字出现之前，我就已经熟悉它的原理了。我从14岁开始就在滑雪中使用这种技巧，而且我还用这项技术训练了奥运会运动员和国家滑雪队队员，这个名字是偶然得来的。当时我在美国科罗拉多州阿彭斯指导一组教练。我告诉他们我要进行转弯，我让他们告诉我，我是如何做的。他们没能找到答案，于是我向他们解释说："我慢慢地把我的内侧板在下一个转弯中倾斜到它的外侧，或者是外刃。"我没有抬起滑雪板，因为我不想给出答案。我减轻了我的重量，把我大部分的重量从滑雪板上移开，慢慢地把滑雪板倾斜到它的外刃，而滑雪板由于倾斜的作用而开始转动。当你用这种方法做幻影移动时，看起来好像两个滑雪板都在一起。其中一个教练尖声叫道："那是一个幻影转弯。"我认为他描述了一种微妙的、几乎不引人注意的力学原理。没有经过训练的眼睛是很难注意到实际的动作的。后来，我把名字改成了"幻影移动"。

释放、转移和接触

在一系列的转弯中，幻影移动是自由脚的三个连续动作实现的：将自由脚向外刃倾斜，保持轻松的状态，并向支撑脚靠拢。它创建了连接转换的三个组件：释放、转移和接触。倾斜的姿态滑雪朝向它的外刃，并将雪压平，开始新的转弯，这些动作包括释放。直到滑雪板慢慢抬起，再将平衡转向另一个滑雪板。向外持续性倾斜与平衡的转移会使支撑板立在刃上。将自由脚的脚跟向内拉，使得在站立滑雪时更容易保持平衡，并提高倾斜运动的程度。我把倾斜的顺序、快速的移动和保持脚后跟向后拉的状态看作一个连续的统一体。因为这些动作或努力必须在整个转弯过程中完成，这些动作都不是一次转弯中一次性完成的。

所有滑雪者的基本动作

许多本科段的练习乍一看简单，尤其高级道斜坡滑雪者可能决定忽略它们。然而，我鼓励所有的滑雪者完善这些动作，因为他们受益的时候在后头。这些技术比乍看起来更具有挑战性和启发性，根据我的经验，很少有滑雪者能够熟练地做这些练习。而在这些人当中，大多数已经是滑雪领域的专家了。

拉的动作

滑雪课一般很少介绍把脚后拉、内拉的动作。在传统的滑雪运动中，对它们的使用或理解很少。滑雪者可能在基础动作教学体系中第一次遇见这些动作，其实它们并不难，只不过对学习者来说是新的。在释放动作或开始转弯时，把自由脚拉向支撑脚，并使之成为自然。把自由脚收回臀下是一个拉的动作，当你在平坦地形中冒险时，这会变得很重要。一旦你进入雪地，就要开始学习并使用它。

不要转动滑雪板

回到滑雪板的问题上来。请你记住并认真理解"不要转动滑雪板"这句话。在幻影移动的描述中，我从来没有说过要移动你的滑雪板、脚或腿。转动滑雪板需要用腿部的大块肌肉群来控制方向或移动，这样会削弱平衡，因为使滑雪板从身下移开时，正常对齐的骨骼变得不太稳定。事实上，转动滑雪板会阻碍你在滑雪中前进。请看图5-1对于幻影移动的描述以及图5-2中的序列，注意滑雪板的尾部是如何与顶部的方向保持一致的，而尾部是永远不会移位或者是被挤出的。这个转弯是被精心设计过的，或者是稍微地改善了一下。这些结果是由基础动作教学体系作用的。在整本书中，你会看到它们以不同的方式被展现出来。产生快速、高效的平衡转身，靠的是释放动作时机的精确把控。

图 5-2 不要转动滑雪板

生物力学优势

• 支撑脚保持平衡，倾斜自由脚滑雪板，借助滑雪板的侧边来完成转弯。

降速滑雪板板刃

这本书很少提到山下板立刃或山下板施压。基础动作教学体系的动作在山下板上产生平衡和抓地力。我故意避免过多地讨论山下板立刃或施压，因为正确的动作会导致适当的平衡和立刃。在转弯的前三分之一强调山下板立刃和施压，体现在传统方法中"早早地到达板刃"的指令，这往往产生相反的结果，即过早打滑。当一个基础动作教学体系的动作进行到一个新的转折点，山下板的压力就会增加。伸展下坡腿，并将自由脚向外翻转，可以达到施压和立刃的目的。当你的滑雪板越过滚落线并开始穿越斜坡时，坡降滑雪随之加强。当你的外腿伸展时，利用轻微的踝关节运动来换刃是有效的。将踝关节轻轻压向滑雪靴内侧，让滑雪板进一步倾斜到内刃，尽量避免膝关节向内旋。

运动表现检查

本章的测试是完全控制平衡的幻影移动。
完全的平衡控制意味着你可以：

- 在转弯前转移平衡。
- 开始转弯前，在新姿势的小脚尖上平衡片刻。
- 在旋转的弧线上，保持自由脚离雪，直到转到下一个转弯。
- 因自由脚向外刃倾斜而转弯。

将幻影移动拆分成这些小步骤，用内侧板的倾斜动作来掌控转弯，而不是利用滑雪板的转向或转弯。学会这些，你将成为一个成功的全地形滑雪者。

第六章
控制自由脚

改善释放

    自由脚的细节动作在真正熟练的滑雪者那里很少被提起。虽然我们在第四章提到释放是完成一个转弯并进入下一个转弯基本的基础动作教学体系方法，其后还有更多的过渡过程。

    即使很多人读了我的《谁都可以成为滑雪专家》，仍然有一些学生和教练在这部分的转弯上存在问题。但是我也很惊喜地发现，改善自由脚的动作时，有的滑雪者能快速转变原来的释放。读完第四章所描述的动作并进行练习后，你会知道，原来的山下板将成为下一个转弯中的自由板。滑雪板的平滑是释放成功的关键。除了向外刃倾斜和抬起的额外动作，你可能还没有练习过新自由脚的动作。自由脚在调节下一个转弯的平衡中起着重要的作用。保持在转变过程中自由脚接近支撑脚，以及双方侧向和向前或向后的平衡。

    我几乎每天都向滑雪者和教练传授我们的体系。让我感到惊讶的是，很少滑雪者会这个技能，令人更惊奇的是他们掌握这个技术后的飞速进步。图6-1的动作适用于牵引自由脚进入下一个转弯。

对齐自由脚

a

b

c

图 6-1 将自由脚拉至与支撑脚对齐的位置

图6-1（a）站在坡上的山上板上。

图6-1（b）提起山下板，向支撑板和靴子靠拢。

图6-1（c）接触后，向内刃倾斜。虽然山下板尾部越过山上板，但是这不是一个故意的动作，不会让滑雪板尾部交叉。相反，它是倾斜自由脚与支撑脚分开的结果。

拿回自由脚

整个释放过程滑雪板和滑雪靴都应该保持平行，且前后保持平衡。滑雪板尖和靴子的倾斜始终是朝着一侧的。我看到大多数滑雪者让之前的山下板——也就是现在的自由脚——向前滑行。相反，用下半身的力量拉紧自由脚，弯曲脚踝，将自由脚拉回臀部下方。这可以防止内侧脚向前滑动。这是在弯道中把自由脚拉回身体下方的关键。继续发展这种拉力，会更容易转弯。这应该成为你滑雪技能的一部分。

不要过于注重支撑板的板刃

在释放和转换期间，一个重要的改进是新支撑脚的作用，学习者往往很少做到这一点。同样，我不得不说的是传统教学和基础动作教学体系之间的区别。从教学开始，这一领域在基础动作教学体系生物力学和传统的体系中是相反的。

传统的教学重点是新山下板的内侧或内刃的早期接触，这是通过楔形运动来强调的。楔形转弯和楔形挪威式转弯，都强调在开始转弯之前把新的山下板的尾端从另一个滑雪板的尾端移开。

基础动作教学体系弱化了将新的支撑板转向内侧板刃的努力。在平缓的地形，用基础动作教学体系和幻影移动练习释放，延迟接合新动作。实际上，要努力使滑雪板在雪上保持平坦，而不是倾斜到它的内刃。如果滑雪板保持在雪地上的话，这种姿势滑雪会更容易改变方向。它不需要主动转向、扭曲或者移动滑雪板尾端来实现站姿滑雪转弯。自由脚的动作和改进创造了支撑板的"结果转弯"。

在开始转弯的时候，不要过于注重支撑板的板刃，使用正确的自由脚动作就能在一个滑雪板长的垂直距离内实现转弯。减少连续转弯中的垂直距离来控制速度。使用之前学过的自由脚的动作和本章的改进，在一个不用板刃的站姿滑雪中，创造一个小弯滑行。许多滑雪者需要"改变"他们的动作和反应来延迟支撑板板刃的动作。全神贯注在这个动作上，学会后，在野雪场地你也能控制速度了。在下坡滑雪释放时，执行一个幻影移动，动作如图6-2所示。

图 6-2　下坡滑雪做释放动作时，执行一个幻影移动

倾斜力学解释

倾斜可以定义为板体的翘起或从滑雪板一侧转到另一侧的过程。人们习惯用描述滑雪靴内发生的活动来解释滑雪靴外情况。这是滑雪板倾斜时的内部动作：通过改变对滑雪板的压力使滑雪板从它的内刃滚动到外刃。使脚踝和靴子紧紧连接，在靴子的内侧壁上施加横向力使滑雪板倾斜，并且换刃。这个动作开始于动作链条的底端，对肌肉力量的要求也更高。虽然这个解释可以帮助你理解滑雪板倾斜的机制，但这并不是学习这个运动的最好方法。

我曾经通过外部提示继续探究有效的方法来描述和教授基础动作教学体系。我相信这种方法对于我的学生来说是简单易学的。然而，当生物力学或其他信息能提供额外的动机或理解时，我并不想局限于外部提示。对滑雪者来说，对力学机制尽可能有一个完整的理解是很重要的。理解之后再开始学习，效果显著。但是，我发现，其他人并没有被这种信息所激励，而更愿意尽可能少地获取额外信息。在这本书中我试着兼顾滑雪者的不同喜好来讲解。

增加自由脚的练习

"压杆"和"带球释放"练习（如图6-3所示）旨在帮助你成功地做释放动作，并且使滑雪板保持相同角度。这两项练习让你了解需要多少努力或肌肉张力，来保持滑雪板平行释放。这些知识对于你离开培训斜坡冒险是特别有用的。

图 6-3 在起始点带球释放

压杆

释放滑雪板是成功转弯的关键。开始释放后，山下板从先前的弯道放平并释放，成为新的自由板，直到完全进入弯道。这就是连续运动。在释放后控制你的自由板和靴子，始终和支撑板成一列，这可能有些难度。这个动作要求将自由脚往支撑脚的方向拉，这似乎是不自然的。虽然这对于滑雪者是陌生的，但积极拉动的确是非常有效的。这个动作能让滑雪者在转弯中发展自由脚向支撑脚移动的张力。

练习时，你需要一个合作伙伴将雪杖极点放到你的靴子和滑雪板之间。让你的搭档把靴子往斜坡下推，远离另一只靴子，用雪杖来创造阻力。你必须克服这种阻力，让靴子重新靠拢。如果在加倍压力下你都能使靴子重新并拢，那你就可以准备使用滑雪板切雪了。

滑雪者要想成为在雪包和刻滑中滑雪的专家，那么这种将旧的站姿滑雪向新的姿态滑雪转变的动作则至关重要，对冰上滑雪的滑雪者有同样的正面影响。你在冰上有过失败经历吗？也许你没能将自由脚与支撑脚对齐。

练习压杆，直到你完全适应，并可以在实地转弯和做释放动作时运用到你的靴子上。压杆练习如图6-4所示。

a

b

c   d

图 6-4 　使劲压你的搭档的雪杖，使自由的脚回到原位

图6-4（a）让你的搭档将雪杖放到你的滑雪板和靴子之间。

图6-4（b）提起自由脚的靴子，并向支撑脚的靴子施压。

图6-4（c）让你的同伴推你自由脚的靴子。

图6-4（d）试着克服同伴推你的力量，将你提起来的靴子压向另一只靴子，让两只靴子碰到一起。

成功小贴士

• 支撑脚和自由脚靠在一起，让你的搭档用力推，而你向内压，保持两只靴子靠在一起。

带球释放

前面我说过我会提供练习来验证你的进步，并确保你在正确地执行新动作。图6-5的方法可以万无一失地测试你的能力。练习转弯的时候，你必须在你的靴子间夹一个物体。如果你一开始不能完美地完成它，不要气馁。在你转身的时候，你的双脚之间夹一个球、手套或者大的洗车海绵是不容易做到的，但是这能确保你的脚和滑雪板在整个转弯过程中都能保持正确的姿势，有足够的张力使它们保持在不平坦的雪地中。在3种道具中，最容易使用的是海绵，最难使用的是球。如果你的球落地了，你就出局了。

带球转弯，你需要做些什么？

- 必须使自由脚与支撑脚相对。
- 保持滑雪靴脚趾前后对齐。
- 必须先释放山下板。
- 防止山上板板刃滚动，不然你的靴子会分开，并且球会掉下来。
- 保持靴子之间精确平衡，并且在转弯过程中保持平衡。
- 两只靴子和滑雪板的角度必须始终相同。

成功小贴士
- 自由脚对球保持恒定的压力。
- 保持新的支撑板在雪地上放平直到滚落线。

如果你每一个转弯都可以做到这些，那么你就是一个熟练的滑雪者，并通过了这个测试！我已经向滑雪冠军以及专家滑雪候选人演示过这个动作，他们认为这种练习非常有教育意义。这个练习暴露出你在技术上的不足，并且及时对你的滑雪技术做出反馈。凡是训练有素的教练皆能指出你的不足并帮助你改正。我是用一个小橄榄球演示这个动作，用橄榄球练习很困难，因为球的接触面积小。我发现大号的洗车海绵最适合。

图 6-5　在两脚之间带球释放

图6-5（a）开始用站姿，通过斜坡时把球放到你的靴子中间，用上面的靴子压下面的靴子，让球夹在靴子中间。

图6-5（b）开始进入平地时放轻较低板，把平衡点换到较高板。用下面的靴子压向上面的靴子，保持球在合适的位置。

图6-5（c）抬起自由脚，让它与雪地稍微偏离。将自由板拉回，防止靴子向前剪。保持新的板刃在雪地上是平坦的，而不是侧向移动。

图6-5（d）转弯时要有耐心，让滑雪板自己转弯。继续让外侧的板在雪地上保持平坦。

图6-5（e）注意不要让滑雪板改变方向或呈剪刀状，靴子和滑雪板倾斜的角度相同并且在一条直线上。

图6-5（f）最困难的部分已经完成。使自由脚向支撑脚方向压，与外刃保持同样的倾斜度。

图6-5（g）将两块滑雪板倾斜同样的刃角直到结束。

带球连续转弯

在靴子中间夹着球连续转弯这个练习非常有用。如果你可以带球完成两个连续转弯，那你就真正掌握了滑雪动作。如果你采用图6-6（b）中的传统动作，那你就失去了练习的意义。不需要裁判，球也会滚下山去。传统的动作是先压扁，然后把较高板放到板刃。你会注意到，在图6-6（d）中你必须倾斜较低板到板刃，否则会在雪中绊倒。练习会让你完成更精确的动作。滑雪必须保持相同的刃角，你可以抬起你的自由扫清前面的雪，但是在这条路上你会有许多误差。

图6-6（a）放置雪杖，为释放建立一个平衡。

图6-6（b）前一个转弯减轻并压平山下板。保持恒定的压力，新的自由脚朝向新的支撑脚。脚的角色变换是关键。在前一个转身中，较高的靴子是自由脚的一侧压在较低的支撑靴子上，以保持球的位置。现在，较低的脚向支撑靴子施加压力，在下坡过程中形成新的支撑脚。注意自由脚和腿向板刃倾斜得比支撑脚要多。

图6-6（c）在外侧滑雪时保持站姿平衡，让自由脚向支撑脚施压夹住球。

图6-6（d）继续倾斜自由板为转弯建立刃角度。

图6-6（e）即使是站姿启动，也要将自由脚后拉，保证球不要掉落。

图 6-6　两脚间带球连续转弯

演示检查

也可以使用大号洗车海绵代替球进行练习。不管使用哪个道具，你需要带着道具在每一个方向演示最后的释放，保证你在野雪场地能充分控制你的自由靴。

> **成功小贴士**
> - 用自由脚和支撑脚紧紧夹住球。
> - 小心地放平支撑脚，然后释放。

第七章
关于力的使用

利用动力减少自身影响

　　脚和脚踝的侧向运动控制着滑雪板刃角、倾斜率和转向。我们观察一下专业滑雪运动员，在运动过程中，他们的两条腿似乎是转向同一方向，但刃角却自始至终都在变化。当刃角偏大时，滑雪者要将双腿朝滑雪板方向转动。在滑雪板压雪的同时，双腿远离滑雪板。在转弯过程的中期和后期，身体向转弯的内侧坡面倾斜。

　　在开始新的转弯时，要降低身体重心，同时远离坡面。从山下板开始的释放方式是完成高效转弯动作的基础。在转弯的过程中，有两个因素限制着转弯所产生的力：一个是腿的张力，另一个是滑雪板的刃角。这两个因素能够确保身体始终处于转弯的内侧。要想沿着目标路线滑下山坡，就要减少身体对滑雪板的压力。在正确的时间释放，利用冲力实现转弯过程中重心的移动。

　　代替释放的不正确滑雪动作会导致很多问题。在传统滑雪中，推杆姿势错误或者山上板过度延伸导致身体朝向山坡倾倒，都是典型的错误滑雪方式。从转弯的那一刻起，只要运用了这些动作，接下来就不得不用低效的动作来补救。滑雪者要是采用了错误的动作，那么他们就更加难以获得转弯时所需要的力，因此他们必须要采取补救措施——在转弯过程中控制身体并调控自己，准备进入下一个转弯。

在转弯开始的时候，尽量找准时间点，我建议采用第四章提及的释放方式。板尖朝向新侧刃，快速转动身体进入下个转弯，这几乎都不费力。要想节省体力就要懂得利用冲力和重力优势（放松支撑腿）。实际上，推动滑雪板向下滑的力就是经过抵消后的转动力。这个"下滑力"会导致你的重心在滑雪板之间摇摆不定，同时也会影响下一个转弯。合理地利用力，会节省肌肉运动。利用自身冲力开始下一个转身的动作吧（如图7-1所示）！

成功小贴士
• 放平滑雪板释放时，有意地让你的支撑腿弯曲和缩短。

图 7-1　利用自身冲力开始下一个转弯

图7-1（a）倾斜内刃，增加刃角。

图7-1（b）倾斜滑雪板构造刃角时，弯曲内侧腿的膝盖以此抵抗重力和转向力。

图7-1（c）放松且弯曲双腿，避免转动早期角度的增加。

图7-1（d）弯曲双膝并且向胸口收回。利用自身冲力和重力压板，使用雪杖保持平衡。

图7-1（e）让滑雪板浮在表面，准备翘起支撑板的外刃。

倾斜而非扭转

大多数教练都被培训过要这样告知学员：如果想实现图7-1的转弯，就必须控制双腿朝向山坡。他们会指导你如何转动双腿远离山坡来开始新一轮转弯。这些动作并不能完成我展示的转弯。一些人会被误导，并且十分确信只有转动双腿才能完成专业的转弯。其实，如果主动转动双腿，那么所谓的"专业转弯"动作恐怕难以寻觅。换句话说，这简直就是天方夜谭。如果控制脚踝做出倾斜动作，那么利用山体和倾斜动作提供的力就能够做出上述的"专业转弯"。

刚刚我们探讨的动作与前一个转弯的释放有关。意识到应该花费更多的精力去控制自己，而不是为了接下来的转弯去重新调节滑雪板方向，这就是你一个重要的突破点。会者不难，只要有能力逐步完成上述动作，就会明白滑雪并非一件难事。这样也就不会再为如何转动滑雪板而担忧，而是知道怎样能够快速地放松、保持平衡和用翘板过渡。

专业滑雪者在释放的时候会放松支撑腿的肌肉，但把这个放松肌肉的动作演示出来有一定的困难。换个角度来说，滑雪者准备释放时，有很多明显的标志都表明他们正在放松腿部肌肉。因此，用外部提示能够帮助初学者学习如何放松支撑腿。通过观察滑雪者练习的一系列图片，很容易就可以注意到双腿的明显屈曲，出现在转弯的末动作或者临近末动作以及准备开始释放的时候。这种屈曲是由腿部肌肉放松而产生的。那些想要快速释放的滑雪者，实际上会尝试着把他们的膝盖朝胸口带去。除了滑粉雪或者通过碰撞来吸收压力改变方向外，这一步也很重要。

在精修雪道上双腿弯曲进行放松练习

接下来的练习，是在精修雪道上连接一个平行式小弯滑行。释放的同时，双腿要有明显的放松和弯曲。弯曲双腿时，在原先的支撑板上完成压板和轻抬动作。保持双腿的接触有助于双侧滑雪板协调运动。随着对时间控制程度和动作掌握程度的逐渐提高，可以尝试着在陡峭地势处练习此动作。在这种地形上，能够强化透过滑雪板到屈曲状态拉动身体往山下滑的感觉。

图7-2中的照片以展开的方式呈现。看起来释放动作似乎是要花很长时间来完成，但眼见不一定为实——实际上释放动作发生得特别快。展开照片是为了更清楚地看清每一个独立结构，这些独立结构要是处于转弯过程中的正确位置上，那这些照片就要堆在一起了。

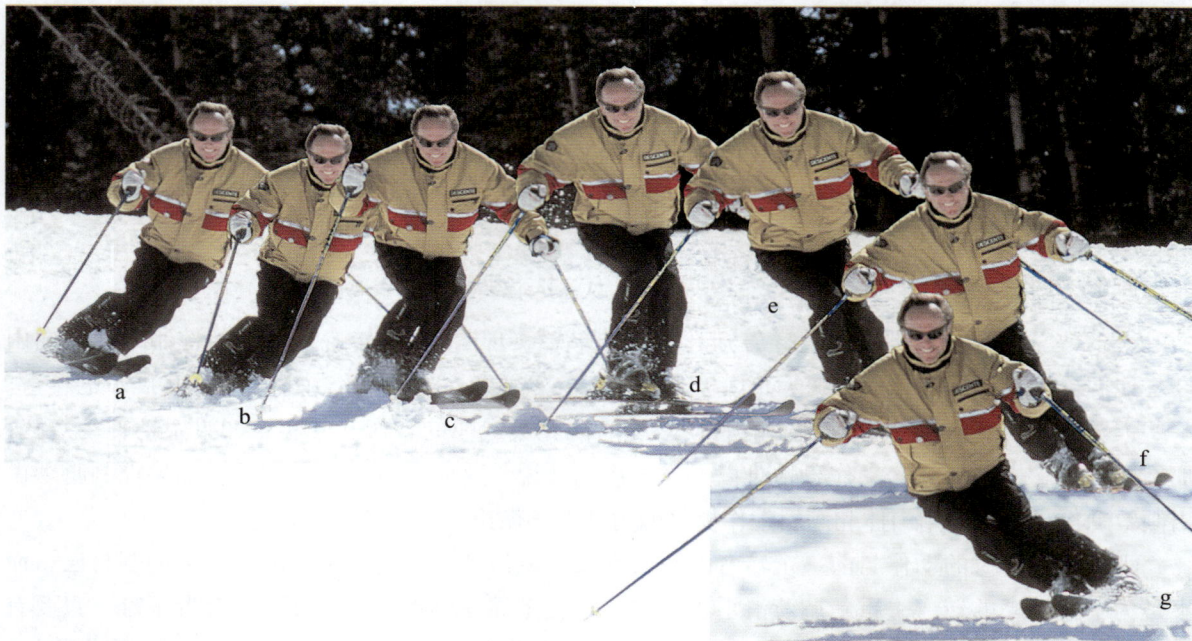

图 7-2　释放时的屈曲小弯滑行

图7-2（a）放松腿部肌肉。

图7-2（b）准备点杖。

图7-2（c）当你感到腿部放松、滑雪板平稳，就要立即有力地将双膝朝胸前收。

图7-2（d）回拉的同时形成一个轻的小雪包，碰撞产生"空中过渡"，因而也可以在雪包滑雪中做同样的动作，产生更精彩的空转。

图7-2（e）为了新转弯的正确着陆，倾斜新的自由脚至其外刃，然后将这只脚收回。

图7-2（f）倾斜自由脚并且保持其向支撑脚后侧收回。

图7-2（g）合理控制自由脚的动作会让每次转弯都很完美。

成功小贴士	生物力学优势
• 双膝向胸口收，实现腿部屈曲。 • 向后收回自由脚，并保持与支撑脚接触。	• 放松支撑腿同时压板，能使滑雪板在开始转弯的时候减少能量和力量的损耗。

第八章
加重释放

　　加重释放发展于基础动作教学体系，是为了提高转向过渡技术而发明的一系列动作。通过调整重心，改变滑雪姿势，在支撑板向外刃倾斜时加重，可以减轻对大脚趾或内侧板刃和股骨内旋的依赖。加重释放是凭力的作用调整身体转向。我们将其教授给那些准备专业进阶的滑雪者们。

　　每天在雪坡上观察人们滑雪给了我们新的想法。他们尝试着做出行云流水的动作，却受阻于滑雪制动的不连贯与身体摆动的不协调。为了解决他们的问题，我开发了这项练习，使人们可以轻而易举地完成这个动作——这就是加重释放。如果按照步骤和顺序认真地练习，你将减轻对大脚趾的压力，并能控制好弯道过度的用力，对膝盖外翻者更有裨益。加重释放能减轻膝盖外翻的趋势，同时能在速降滑雪中消除蹬踩雪的力。许多滑雪者通过在一个转弯末尾加重释放以保护自身，并登上下坡弯道。

　　膝盖外翻的滑雪者存在一个问题，他们无法控制或达到足够的板刃抓地力，除非他们的外侧腿向内旋转极远以至于膝盖指向内侧腿。他们需要将这额外的内旋控制在一个合适的范围内。看起来滑雪者以脚部转向来引导膝盖外翻呈"八"字，但实际上并不是这样。他们是通过转臀部以下的部分扭出滑雪板，直到板刃不再抓紧。通常只有一种方法，就是改变和推进上坡滑雪的上升和脱离内刃的依赖，这些非常消耗体能的动作受限于所有山区并且难以克服，而加重释放有助于改变这些传统的动作，使滑雪者保持滑雪板在相同的刃角释放，并且保持体力直到下一个转弯。许多滑雪者第一次完成板刃抓地力，让它释放相当困难。保持在那个板刃，不要释放，可以使身体保持在坡上。如果在粉雪中滑雪，或在地势陡峭时也能流畅地滑行，这就要求滑雪者学习怎样在山区释放了。加重释放会让你在山区释放进入下一个转弯变得简单。当转弯变得如此轻松时，你就会知道为什么要努力练习了，毕竟加重释放是进入下一个弯道的唯一方法。随着加重释放技巧的纯熟，你就会更接近第七章中所描述的力量。

新的转弯的第一个动作由先前转弯站姿滑雪动作组成。离山底更近的滑雪板是山下板或支撑板。另外的则是山上板或自由板。在转弯结束时，支撑板侧蹬。

通过放平支撑板使起始动作为新的转弯服务。首先，放松支撑腿的肌肉——这会使腿稍微弯曲，还能使滑雪板从你的板刃离开。通过倾斜滑雪板来保持滑雪板的平衡。站在山下板上时，不要从滑雪板上减轻或者移动你的平衡力，这是你做出加重释放动作的关键。如果你放平山下板，山上板会随之变平。控制山上板平坦度来保持和山下板相同的角度。你可以持续减轻山上板重量或者轻微加重，但是必须拥有相同的立刃角度。加重释放的动作如图8-1所示。

图8-1（a）转弯结束时，在山下板上保持平衡。雪杖尖在空中摆动，准备点杖动作。

图8-1（b）准备雪杖轻敲并开始放松支撑腿。

图8-1（c）先弯曲并放平山下板，紧接着是山上板。

图8-1（d）像之前你通过弯道一样，保持同样的压力在山下板上。

图8-1（e）让两块板同时放平。

图8-1（f）开始减轻内侧的板的重量，让内侧脚变成自由脚。

抬起山上板进行加重释放

> **生物力学优势**
> * 加重释放让你的身体进入下一个弯道。

图 8-1 加重释放

就像之前提到的，膝内弯的滑雪者非常难通过转弯，或者因为外刃使下坡滑雪产生波动。这不仅仅是膝内弯者的问题，这是普遍的问题。即便受过良好的训练、具有丰富滑雪经验的滑雪者也有可能在转弯结束时产生膝内弯的问题。合适的靴子、对齐和动作组合甚至可以减少最严重的膝内弯者"人"字形姿势。

抬起山上板的加重释放的夸张版本，是学会让山上板通过一个弯道的下一步，这样你就可以快速转换进入下一个弯道了。这对加重释放有非凡的益处。

滑雪者如果在进入下一个弯道时有困难，那么应该多加练习，这样能更好领会和理解释放的感觉，然后提升以进入下一个弯道的能力。

抬起重力释放和前文提到的重力释放很像，但是抬起重力释放更多强调压力全保持在支撑脚上，然后转换成内侧板。多多练习，进入弯道时抬起外侧板，并从内侧板开始转弯。在转换中没有将平衡传递到另一个板。在换刃时在站立板上保持平衡。如果你在转弯开始时遇到麻烦，将你的抬起板拉回来以便让你的靴子向前或向后。这将会压迫滑雪板使其充分倾斜以帮助开始转弯（如图8-2所示）。

图8-2（a）通过放松和弯曲支撑腿完成之前的转弯。

图8-2（b）因为山下板是平坦的，所以继续站在上面。

图8-2（c）当在山下板上站立和保持平衡时，将山下板向外侧板刃倾斜。

图8-2（d）使用内侧的雪杖维持平衡，并在雪上牵引滑雪板。

图8-2（e）外侧的滑雪板仍然轻抬。

图8-2（f）在内侧板上的外刃轻弯并保持平衡。

图8-2（g）减轻并抬起内侧滑雪板，一直到弧线的末端。在雪地上的外侧滑雪板上，传递压力和平衡——通过平衡和停留在滑雪板上开始下一个加重释放动作。

> **成功小贴士**
> • 在整个释放的过程中平衡始终只保持在山下板上。
> • 用支撑脚保持抬起的滑雪靴前后平稳。

图 8-2　山上板上的加重释放

演示检查

　　加重释放只发生在没有平衡传递的转换中。当你向外刃倾斜时，在旧的外侧板上保持加重和平衡；当滑雪板向新的板刃滚动时，外侧的脚必须放松和弯曲。这个转弯发生在山下板刃。板刃的改变在一块滑雪板上是从内刃向外刃改变，而另一块滑雪板并不需要加重和紧接着做动作。先前的转弯使站立板从之前的外刃滑雪变成新弯道的内刃滑雪。站在先前的山下板上，然后向外刃滚动，这可能和你之前听过的截然不同。但这个练习是无价的，因为作用力迫使身体下坡进入新的弯道。这个转弯使你的身体在滑雪板上通过弯道，这是基本的山地滑雪技能。当你能够用抬起山上板进行加重释放开始一个转弯时，那么你就完成了本科教程的下一步要求。

中期检查演练

在进行中期检查演练时，你必须保证通过了小弯滑行测试，这是学习中非常重要的一步。有许多方法可以检测整个本科课程中的弯道训练成功与否。在继续本科课程、进行真实山地状况细化学习之前，你必须能够出色地完成下面的小弯滑行测试。

小弯滑行测试

在陡峭的初级地形上，必须在不加速的情况下，在一条小径上做出15个小弯滑行动作。精修过的路径是理想的走廊。在释放之前连接没有穿过的弯道，这个单独弯道的垂直距离不能比两个滑雪板连接起来长，且滑雪过程中保持速度不变。如果能完成这次练习，你就完成了一个功能性的短道转弯，增加你在非滑雪场滑雪的经验。一般来说，学习过基础动作教学体系的滑雪者需要用2~3天的时间完成短道转弯和控制释放。这似乎是很费工夫的，但是功夫不负有心人。这个小弯滑行是山地滑雪的基础。

第九章
漂　移

　　学会漂移，你的滑雪技能就会大有改变。每次在基础动作教学体系开始一个或一组新动作的时候，我都会说："这一定会改变你的人生或者给你的滑雪带来突破。"我每天都在看滑雪者的进步。漂移是滑雪技术和加强理解的一个辅助，也适用于加重释放。其实漂移算不上一个技术，只是在转弯时让时间静止的动作。你一定很好奇，为什么专业滑雪者无论在多么陡峭的地形上控制力都那么好？他们为什么看起来总是游刃有余？现在你将揭开真相了：在转弯中有一个平稳的点，这个点可以让你环顾四周并进行评估，而不急于做出下一步的动作。漂移是在暂停立刃时做出的动作，感觉就像是悬浮在半空中完成的。

　　即使你不是网球选手，也可以体会到这两个项目之间的相似之处。业余网球选手总是四处跑去接球，并在最后一分钟做出失去平衡的摆动。对比专业网球选手，他们从来不会忙着接球，而是在平稳的状态下接球。专业选手能够保持平衡，全靠我所说的"静止的瞬间"。

　　当挥动球拍接球时，他们的脚停止运动，身子站稳。所以球拍才能划出正确的轨迹，完美地击到球。运动员需要在这个瞬间调整视线，迅速进入平衡状态来迎接下一个快速击来的球。中等水平的运动员在比赛中没有这个静止的瞬间，而专业级别的运动员则可以不断重复这个瞬间，这就是为什么他们很少失球。

让我们来更深入地了解这个静止的瞬间吧。在结束一个弯道前，滑雪板会进入一个圆弧的底部，这时你的身体是在斜坡或者滑雪板上方的，开始下一个弯道时就会改变。身体会向山下板横移。在此过程中，下方的腿做释放动作时，滑雪板就在换刃，或者说是过渡。滑雪板是在雪上的某一点进行过渡的，也就是进行漂移的地方。这个说法是为了增加和保留了漂移的时间。释放滑雪板从而远离板刃，接着暂停内侧脚的倾斜运动，在接近平地时，以90°的滑雪板角度支撑腿和身子。留在滑雪板上，继续往前移动，尽可能地在雪地上保持这个动作。延迟这个短暂的时刻。在漂移的瞬间，滑雪板平行于地面，你实际上已经超过垂直角度了。在下坡时身体稍微移动滑雪板，这样就可以垂直于斜坡。不用感到害怕，你并不会摔下去的。

在释放动作中暂停，会让你有悬浮在半空的感觉，能够体验到"时间停止的一刹那"。你的身体最后会继续向下一个弯道的内侧道路前进。当滑雪板滚动到新板刃时，你就会有安全感了。当身体再一次在滑雪板之上时，滑雪板会在弯道的圆弧上转上一圈。漂移动作如图9-1所示。

图9-1（a）倾斜内侧滑雪板，弯曲小腿内侧，以增加雪上的刃度。

图9-1（b）外侧滑雪板保持平衡并继续将自由脚向后拉。在倾斜和弯曲动作已见成效之时，完成一个小回转。

图9-1（c）开始放松腿部肌肉，同时放平滑雪板。

图9-1（d）先前转弯时的余力会推动滑雪板前进。

图9-1（e）把膝盖往上抬，放缓下坡的滑雪板，然后停止倾斜动作，让滑雪板开始漂移。

图9-1（f）两边滑雪板尽量保持一致——这就是漂移。准备好靠停新的自由脚并控制到臀部以下。

图9-1（g）结束漂移，继续向下一个转弯前进，通过用力倾斜内侧滑雪板重新倾斜到外刃。

成功小贴士

• 放松，然后灵活屈曲双腿去释放。

• 当滑雪板在雪面上呈平板状态时，用自由脚倾斜来停止滑动。

图 9-1　漂移动作

如果习惯了在把较低板放在侧立滑雪板上之前就把较高板移到侧蹬滑雪板，你就不会有漂移的感觉。专业滑雪者可以做到漂移，所以他们才能在粉雪、雪包和峭壁上毫无阻拦地滑雪。漂移提供了进入下一个弯道所需的调整平衡时间。就像很多滑雪者一样，如果在弯道的最后失衡了，不使用漂移来重新组合就会很难恢复平衡。没有漂移，失衡状态就会从第一个转弯持续到下一个。

你能感受到整个程序是怎样结合到一起的吗？首先，在释放的时候通过放平较低的滑雪板来使两边的滑雪板保持在同一个角度。接着，加重释放可以帮助你更直接地衔接较低板的放平动作。做到了这点，你就可以自己学习漂移了。漂移只是一个在雪上释放和接触过程中的暂停。连续加重释放可以让你更好地控制释放的速度和漂移能力。学会了漂移，可以调整你的平衡以便应对各种可能发生的情况，在雪包和粉雪地上滑雪也不再是个难题。侧面观察到的漂移动作如图9-2所示。

图 9-2　漂移动作侧视图

图9-2（a）完成之前转向后，开始放松腿部肌肉。

图9-2（b）充分弯曲以贴合转弯的底部。

图9-2（c）放松腿，让滑雪板弯曲。

图9-2（d）放平山下板，让两边的滑雪板都平放在雪地上，时不时地暂停以调整放平的时长。

图9-2（e）用放平的滑雪板完成漂移。贴紧滑雪靴并用内侧滑雪靴推进，准备好加速。

图9-2（f）内侧滑雪板向外刃倾斜，继续转弯。

图9-2（g）拉回自由脚，使身体在滑雪板上向前移动。

图9-2（h）现在你已处于平衡状态了，开始弯曲和倾斜内侧的腿，然后加速滑行。

> **成功小贴士**
> • 在过渡过程中寻找合适时机让双板同时放平。

演示检查

你可以通过看滑雪轨道来检查你的漂移动作是否到位，漂移是否发生在转换过程中。当你在两个转弯之间检查滑雪轨迹时，应该会有一个你可以看到两个滑雪板底部轨迹的地方，并且没有滑雪倾斜板刃。你应该尝试在整个滑雪过程中放平滑雪板。如果有两个平放的轨迹，没有板刃的痕迹，就表明你的漂移是正确的。

第十章
上下身协调

在滑雪书中，有关上下身之间协调关系的条目不计其数。你可能听说过反向姿势、动态预期、上下身分离、臀部协调受阻等。

上下身协调（或ULBC），是一种通过转动滑雪板、靴子和腿的动作来协调上半身动作的能力。拥有良好协调性的滑雪者可以更轻松地控制滑雪时的速度和平衡，但许多滑雪者在滑雪时很难实现这种协调。因此，我设计了一系列的动作练习来增强滑雪者的协调性。这些是我尝试过的方法，已经被证明对滑雪者是有效的。结合脚和脚踝的运动，你将会感受到上下身协调运动如何融入上身的互补运动，从而为你的滑雪提供动力。

在基础动作教学体系中，我们用一种创新方法引导上半身和下半身的协调。没有一个单独的姿势可以代替上下身协调。相反，它是上下身在整个循环过程中的动态协调。我们在滑雪的时候教上下身协调，通过动作和提示来产生这种动态的协调性，而不是静态的、无效的姿势。你可以在所有滑雪情况下随时使用这些动作。简单地说，基础动作教学体系方法创造了产生结果的运动，并让身体对这些反冲运动做出反应。

由于脚、脚踝和小腿被滑雪板上的滑雪靴牢牢地固定住，因此从大腿向下的下半身的运动主要受设备影响，将脚倾斜，以释放和使用滑雪板。脚倾斜动作的增加要求大腿（股骨）旋转以跟上越来越倾斜的滑雪板。如果骨盆保持稳定，两块股骨都可以在其下方旋转，而不需要上身跟随旋转。还记得在关于释放的描述中，我们提到了倾斜滑雪板之后腿会旋转，但是上半身保持不变吗？不幸的是，许多滑雪者难以在股骨和骨盆之间拥有这种移动自由。

让我们回顾一下滑雪中用来描述上下身协调的一些术语。一个是"反向位置"，另一个是"上下分离"。当骨盆和上身随着股骨运动或跟随股骨旋转时，很少使用所谓的反冲运动。当滑雪者的上半身保持稳定不动时，可以正确使用反冲运动。上身不会随滑雪板移动、摆动或旋转，因此关于上半身和下半身的术语是分离的。如果骨盆保持稳定，通过倾斜自由脚增加滑雪角度，大腿不需要转向或转弯。反冲运动使骨盆脱离旋转的运动，使身体增加中、上部的横向运动，从而增加刃角度。当身体横向移动到转弯处并且骨盆保持不动或与转动方向相反地移动时，股骨旋转的需要将会被最小化或消除。弧形滑雪板的引进改变了这种技术。即使是中等水平滑雪者，转向也不再是滑雪的必要组成部分。在弧线底部弯曲这种有效的腿部活动补充了现代滑雪技术。如果你通过放松肌肉来吸收旋转的底部，腿就会弯曲，这是准备释放的一个渐进的方式。当滑雪板上的压力通过弯曲减小时，滑雪板就容易被压平。用这种方式释放腿的能力取决于你在转弯开始的时候使用反冲运动的能力。如果在转弯时使用腿部旋转或转向，而不是相互反冲运动，那么弧形滑雪板的设计对转弯的影响较小，并且滑雪板的接合较少，以帮助创建刃角度。

我们可以先通过室内练习来感觉和理解稳定或反冲运动意味着什么，室内靠墙坐是这些练习中的一种。

室内靠墙坐

　　当你使用弯曲的双腿靠墙坐时，你可以开始体验上身和下身的协调。把你的脚转到一边，注意你的双腿在稳定的骨盆下移动的方式。保持你的骨盆和肩膀与墙壁接触，将手臂靠在墙上以稳定上身。在将脚转向新的方向之前，尝试通过将骨盆靠在墙上来反冲臀部的运动（如图10-1所示）。这种移动顺序与你在滑雪板上转弯时的感觉类似。可以根据将骨盆平放在墙上的运动来平衡转动的滑雪板，你需要改变身体角度而不是膝关节角度。反向抵消允许快速、有力的方向变化和释放动作中的板刃变化。因为反冲运动像弹簧一样将身体卷起来以释放能量，一旦滑雪开始，腿就跟着平滑的滑雪板一起滑行。当滑雪板开始转动时，骨盆的反冲运动应立即开始。

图 10-1　室内靠墙坐

雪杖和上下身协调

　　我读了大部分近30年出版的与滑雪技术有关的书。很少有人可以说出雪杖的真实意义，这是一个缺憾，因为滑雪者要完成专业的滑雪必须使用雪杖，如图10-2所示。

図 10-2　专家级滑雪必须使用雪杖

　　图10-2（a）在雪杖摆动之前做好准备工作。
　　图10-2（b）使用雪杖并将其作为第3个接触点进行支撑和平衡滑雪板。

　　雪杖的使用对上下身协调性有重要影响。但是，能够协调使用它们可能也会很棘手。在学习上下身协调之前是否应该先学习雪杖的使用？应该侧重学习、优先学习，还是可以一起学习？我讨厌让教学复杂化，或者在教学中留下一个可能被误解

成功小贴士
• 双手紧握雪杖不要乱动。

的点，但这是一个两难的问题：因为上下身协调很大程度上需要依赖雪杖，因此应该先练习雪杖的使用。很少有滑雪者在没练习过雪杖的情况下能有效协调上下身。在手臂和雪杖使用不正确或不合时宜的情况下，我从来没有见过一个滑雪运动员实现上下身协调运动。所以雪杖的正确使用可以使上下身协调，使滑雪学习更容易。
　　每项运动都有"糟糕"的指导标准。网球比赛中的关键是"关注球"，高尔夫比赛中的关键是

"在击球时低下头"。滑雪也有自己的"陈词滥调"。适用于雪杖使用的是"不要让手的内侧离开雪杖",但是这个负面建议很少被采纳,大多数人采纳了"举起手来"这个改良版建议。

我的建议是有效的,它有几个很大的好处:更好的板刃抓地力、更好的控制力和上身稳定性。在你举起手之前,你可能想知道在你转身和极速行动中你的手应该放在哪里。找个滑雪搭档立刻找到答案吧。

雪杖使用测试

在你转弯时,让朋友或家人在你身后滑行。指示你的同伴用响亮的声音就你手上的位置立即进行反馈。以下是它的工作原理:如果你的双手保持在正确的位置,你身后的滑雪者可以看见它们,然后需要大声喊出"对",以提供积极的即时反馈;如果握杖的手在你身体的前面,你的同伴会立即做出回应,大喊"错"。当你转弯时,"错"字会告诉你,你的手已经从身体的一侧移到了前面,你的滑雪同伴(继续在你身后滑雪)看不见它,你将立即获得关于你的手的位置和握杖方法的反馈。过度旋转和伸手都会导致手在身后的情况消失。使用雪杖的正确动作应该是杖尖的摆动,而不是移动手的位置进行前向驱动。请参考图10-3中实际测试的照片。

图 10-3　雪杖使用测试

图10-3（a）点杖时手和手臂的位置——双手从后方可见。

图10-3（b）肘部弯曲，手伸向两侧。

图10-3（c）两只手臂都可见，手臂的位置变化不大。

图10-3（d）开始摆杖。当手保持不动时，身体向前摆动。

图10-3（e）里面的手和雪杖（右边）是向上和向前的。

图10-3（f）杖尖指向下方。

图10-3（g）雪杖已插好——双手都可见。

有效的手和手臂位置

关于斜坡，我听到的最具误导性的教学提示之一是"保持你的双手向前"。虽然这很好，但仍然会导致很多问题。推向前或握手向前会使滑雪者的肩膀和手臂变得僵硬。专业滑雪者的手臂位置非常放松。保持肘部弯曲，双手放在两边，肩膀放松，如图10-4所示。

图 10-4 专业滑雪者手臂位置很放松，在转弯的前期运用胯抵消动作。转向或扭转滑雪板不会产生这样的结果。

握住并摆动雪杖

使手臂获得放松姿势的秘诀是什么？可以试试以下这些技巧。肘部弯曲，使前臂向上臂略微倾斜，并将双手保持在身体侧面而不是向前。现在，只需稍微抬起肘部，就可以获得轻松一致的手臂和手部位置。

从这个位置，用你的手腕摆动杖尖向前和向下。查看图10-4中的照片并注意在雪杖被移动很远的情况下双臂如何保持在同一位置。这种方法将正确地定位你的雪杖、手和手臂。

手和手臂保持在这个位置，再试一次。经过几轮转弯后，你应该可以调整你的雪杖摆动。如果你仍无法做到让在一旁观察的同伴对你说"对，就这样"的转弯，你可能需要变换雪杖摆动方式。尽管我们将在这里回顾雪杖的使用情况，但其他信息和方法可以在我其他两本书中找到——《谁都可以成为滑雪专家》和《基础动作教学体系教练手册》。

在尝试进行上下身协调之前，尽量建立一个适当的握杖节奏。只要一根雪杖接触雪地，另一根雪杖就应该开始向前摆动。如果这对你来说比较困难，你可以在不使用任何雪杖的情况下进行上下身协调练习。如果你喜欢先学习上下身协调，那很好；事后再学握杖也是一样的。本章介绍的顺序是先学习握杖，后进行上下身协调。如果你想先学习雪杖的使用，请继续阅读；如果你首先学上下身协调，请立即跳过此部分，并在阅读下一部分后再回到本部分。

一旦你已经整合了上下身协调与握杖的使用，你就可以开始滑雪了，并且你在滑雪板上的快感无可比拟。如果没有达到上下身协调和握杖的使用水平，想要达到专业水平将是困难的。上身必须平衡良好才能达到雪地中的"漂移"。良好的握杖和上下身协调提供了这种可靠性。没有稳定的握杖和上下身协调，粉雪上滑雪就像在使用普通轮胎参加Indy500拉力赛一样。你可以绕过赛道，但某些时候你肯定会不小心滑撞到墙上。自然的反应是恐惧，在这些条件下驾驶汽车并不是一件愉快的事情。由于以前不成功的经历，有的滑雪者因恐惧而变得更加紧张。当滑雪者结合漂移、握杖以及上下身协调时，恐惧就会减少。

回顾

如果雪杖摆动的时机不对，或者摆动造成上半身旋转，你必须改变姿势。例如，如果你向前推直雪杖，同时试图控制髋关节旋转，则会发现很难同时做这些动作。不正确的手臂动作会转动肩膀，从而使臀部旋转。因此，你必须首先确定正确的动作。现在你就可以理解为什么雪杖使用的测试非常有效，因为它可以让你立即反馈你的雪杖使用习惯。为了稳定你的上身和防止碰撞，

握杖的使用必须以一种强有力的、有意识的方式完成，如图10-5所示。

图10-5（a）及早学习稳定握杖的方法，即雪杖的位置不动，指向下坡。

图10-5（b）在杖尖指向下坡之后拉直肘部。

图10-5（c）紧握雪杖并释放滑雪板（腿部已经放松和弯曲，滑雪板压平在雪地上），当它沉入雪中时，身体应该作为一个整体向雪杖移动。

图10-5（d）漂移时，使用雪杖来稳定身体并使滑雪板到达平衡。牢牢抓住雪杖，以便提供支撑力。

a

b

c

> **成功小贴士**
> • 提前摆握雪杖，使其指向下坡。
> • 牢牢抓住你的雪杖，这样它可以支撑和稳定你的身体。

在图10-5（c）和图10-5（d）中，如果你看到示范者将身体与雪杖脱离，那么你是对的。在这里，雪杖被用来支撑身体。

d

图10-5　正确的握杖和摆杖使在野雪地滑雪更简单

雪杖使用练习

握革

你平常握杖的地方叫作握革。握革是一个很宽的位置，双手距离身体两侧至少30cm。如果你用双手远离身体保持放松、弯曲的肘部姿势，在大多数情况下你都会很安全，如图10-6所示。

图 10-6　使你的双手保持在握革

图10-6（a）手在身体两侧，不要向前伸展。

图10-6（b）在准备过程中，用手腕向前摆动雪杖。

图10-6（c）固定握杖位置，立即将紧握雪杖的手向前移动，使其保持在握革。

图10-6（d）开始向前摆动另一个雪杖。

图10-6（e）握杖指向下坡。

图10-6（f）双手放在握革位置，握住雪杖就绪。

图10-6（g）紧握雪杖并开始滑行。弯曲腿部并放平支撑板。

两种类型的雪杖位置

雪杖的摆动主要被认为是开始转弯的"定时装置"，但它远不止如此。雪杖位置可以帮助巩固反冲运动，可以稳定上半身，并且可以为下一个转弯调整身体的方向。它绝对是对上下身协调基本练习的补充。两种基本类型的雪杖位置可以用于不同的目的。在第一种类型中，雪杖的固定力量来自手腕和肘部。肩不是摆动雪杖运动的一部分。摆动的雪杖位置用于平坦的地形和中等到大半径转弯，雪杖的尖端不会长时间停留在雪地上。稳定雪杖固定方法用于陡坡、短弯、颠簸、粉末或结冰处。在这些地方，速度控制、上半身平衡和稳定性是必要的。在许多情况下，雪杖被固定在雪地里，直到身体通过并转向雪杖的固定点。

雪杖的摆动

基本的摆杖姿势适于整洁或开阔地形中使用。首先要理解的是，摆杖并不意味着向前移动杖杆或手柄。相反，为了摆杖，手和手腕需要稍微向上并朝向肩部移动。请记住，我们正在尝试摆动雪杖的尖端，而不是手柄。手腕和手只需向上移动，足以使雪杖的尖端以向前摆动的弧线释放。当杖尖没碰到雪时，你可以使用小幅度的手腕运动来摆动整个杖身。摆动尖端直到它指向斜坡，并保持一瞬间。当你将尖端指向斜坡时，将其直接瞄向山脚并伸出肘部，直到杖尖触雪。一旦杖尖触雪，向前推动手。现在你的手和雪杖的手柄会在杖尖插入的雪地上形成一个弧形。以这种方式向前移动手并将手返回到其原始的握革位置。由于弧形的存在，手和手腕开始摆动以保持不间断的节奏，如图10-7所示。

图10-7（a）从基准位置开始，弯曲肘部和腕部以将手伸向肩部。

图10-7（b）用手腕摆动雪杖，指向下坡。

图10-7（c）使杖尖触地。

图10-7（d）立即将手向前移动，超过杖尖并返回握革。

a

b

c

d

图10-7 流动的摆杖

成功小贴士
- 把手肘伸开。
- 只使用手腕向前摆杖。

稳定雪杖设置

稳定雪杖设置实际上与摆杖是相同的，但是稳定雪杖设置更有意思且更先进。这种摆动适用于需要速度控制的地形，使你可以在滑行的滑雪板上完成近90°转弯。稳定雪杖的方法可以使你的上半身更协调和平衡。这个方法需要更长时间的停顿来准备转弯，以使杖尖向下指向斜坡。由于雪杖的位置被保持更长时间并且施加更多力，所以它有助于将上身和肩部沿着斜坡向着杖杆和下一个转弯的中心移动。这有助于在下一个转弯中你上身的稳定。稳定雪杖的设置如图10-8所示。

图 10-8　稳定雪杖设置

图10-8（a）上体要与滚落线严格对齐，紧握雪杖，以阻止上身运动。

图10-8（b）浮动时释放滑雪板并使用雪杖来保持平衡。在滑雪板滑行的过程中保持杖杆的位置不动。

这里还有一个重要的示范。在第五章中，我讨论了在开始转弯时不需要转动滑雪板的必要性。请注意，从图10-8（a）到图10-8（b）中无论滑雪板如何放平，它们都没有改变方向。

> **成功小贴士**
> - 将手放在握革位置。
> - 牢牢地抓住雪杖以稳定上半身。

为稳定雪杖的位置做准备

为稳定雪杖的位置，我们需要做些准备，如图10-9所示。

a

b

d

c

图 10-9　为稳定雪杖的位置做准备

图10-9（a）通过将手伸向肩膀实现转弯时雪杖的摆动。

图10-9（b）用手腕将杖尖向前推，注意身体其他部位的变化。

图10-9（c）弯曲手腕以将杖尖提高，瞄准下坡。这一动作是为稳定的过渡做准备。

图10-9（d）伸出肘部以帮助将雪杖伸入雪中，牢牢握住它。

稍微延迟并稳定雪杖以保持上半身的位置，防止它向转弯的方向上转动，构成上半身的反冲运动。实际上，上半身的反冲运动可以节省能量并储存起来用于滑行。尽可能长地将雪杖保持在雪中，同时向前移动另一只手和雪杖，准备下一个转弯的位置。

成功小贴士

- 保持手臂和肩膀稳定。
- 用手腕和肘部来摆杖。

雪杖尖的推动

雪杖尖推动是一项很好的运动，可以将上半身定位在雪地上。它也减少了雪杖和手臂的运动量，这被称为"清除外部运动"。请仔细阅读以下说明。

第一部分的解释非常简单。这个练习要求你在转弯时始终保持杖尖在脚趾的前方。你可以通过沿着雪地推动杖尖来感受自己的动作。直行时，垂直握住雪杖并沿着雪地拖动尖端。手腕用力，在手柄上施加压力，以保持雪杖向前。不要让雪杖沿着雪被拖回，这样你就会受到雪杖产生阻力的影响。继续用内杖产生相同的前腕压力，防止雪杖向后拖。你的手会很高，杖尖将绑定到脚趾的一侧。

在做了一个常规的点杖动作之后，在雪杖点地之前，提起杖尖并沿着雪向前推（记住上面提到的手腕动作）。抬起手并将手腕向肩部弯曲，完成这个动作。它要求你在转弯结束时继续向前推动雪杖的底部。继续推动雪杖，而另一只手准备下一杖摆动。就好像两个雪杖向前摆动，一个为稳定做准备，另一个则沿着雪向前推进。在另一侧固定雪杖后，按照与上一根雪杖相同的方式向前推动，同时保证两根雪杖的正常滑动并保持手和雪杖位于臀部以上。这种技术非常有益于上半身训练。雪杖推动的滑行动作如图10-10所示。

图10-10（a）摆动手腕，固定雪杖位置。

图10-10（b）在雪杖落在绑定脚趾后面之前点杖，沿着雪地拖动杖尖。

图10-10（c）用手腕沿着雪推动杖尖。

图10-10（d）把雪杖向前推，以防止绊脚。

图10-10（e）在固定雪杖位置之前瞄准杖杆下坡。

图10-10（f）向下坡滑行并重复拖拉。

图 10-10 雪杖推动，以右杖为例演示

105

雪杖的有效使用可以提高上下身协调性

在短弯中，为了控制速度和转向频率，雪杖运动不能停止。当一只手的雪杖移动到固定位置时，另一只手和臂膀要为转弯做准备。在你移过点杖的位置后，手和手臂会向前移动。内侧臂处于维持上半身稳定位置的"强臂位置"。"强臂位置"是我在《基础动作教学体系教练手册》书中提到的一个术语，在描述雪杖使用的图中我会做出具体解释。当我们进入滑雪场外的话题时，我将演示不同地形中特定雪杖的使用情况。我必须重申，在滑雪训练中雪杖的作用在很大程度上被忽略了，而这却是你可以立即对自己的表现进行重大调整的一个方面。没有很好的雪杖使用技能，滑雪将会变得更困难。

上下身协调练习

建立上下身协调可以采用下面两套练习，双管齐下。第一套练习可以增强身体平衡和意识，第二套练习为动态转向应用程序构建了实际的动作。

反冲运动，是上下身协调计划的一部分，滑雪者很少使用或理解。反冲运动的某些形式是每一个转弯的一部分，并且通过骨盆和上身在转身的相反方向上的转动动作来描述。这个动作防止了滑雪板产生弧线时下半身可能产生的旋转运动。反冲运动可以是主动的，如在陡峭带雪包的雪道中，上身实际上在与滑雪板相反的方向上转向，或保持骨盆稳定以允许股骨跟随滑雪板的弧线并在骨盆下转动。

开头介绍的练习也将有益于你的立刃转弯动作，立刃转弯指的是立刃滑雪板而不滑倒。第一套练习会使你的身体平衡和骑行意识得到发展，搓雪转弯时板底和雪地之间有明显的联系。除非雪很柔软，否则立刃转弯基本上与雪地的接触很少，在硬雪地面上立刃转弯主要是纯板刃接触。

让腿和身体变得独立

让腿和身体变得独立，开始的练习非常简单、安全、直接。这可能会使你想起在 20 世纪 60 年代奥地利滑雪学校使用过的古老的起跑姿势或穿越练习。别担心，这种情况是暂时性的。它可以让你放松身心，也能让你意识到你的动作范围。在开始任何从一个斜坡进入另一个斜坡的训练之前，为避免事故你必须确保自己抬头看远处山上的拥挤程度。

在开始移动之前，上半身以明显的方式转向下坡。滑雪板被倾斜到它们的山上板板刃，在开始定位滑雪板和上半身之前，请握住自己的雪杖以防止滑倒。保持平衡和直立，让你的臀部向前转，让你的背部朝向斜坡。当你平衡时，让滑雪板开始滑行，让滑雪板在其板刃上运行而不转动或滑倒。如果你在斜坡上行进的距离不够远，再次进行练习，但这一次，首先将滑雪板指向下坡。如果你正在进行立刃转弯滑雪，你会注意到它们会立即带你返回斜坡，形成一条圆弧，在雪地留下两条细边线条。由于这种设计，滑雪板会在斜坡上划一个半圆形或半月形，并且不需要滑雪者的任何帮助。当我们说"让滑雪板完成这项工作"时，这个动作就是我们想要实现的，如图10-11和图10-12所示。

板刃锁定

图 10-11　开始固定位置，沿板刃滑行

图 10-12　滑雪板划出的弧线

从滑雪板轻微地朝向下坡开始，在板刃上滚动。在背朝斜坡时，要使滑雪板板刃保持平衡。让滑雪板滑行。将滑雪板抬到更高的角度，并将背部转向斜坡，然后向下倾斜滑雪板，如图10-13所示。

图 10-13　板刃锁定

图10-13（a）穿过滑雪板板刃，滑雪板指向下坡。

图10-13（b）在滑雪板板刃划出的弧线上滑行时保持平衡。

图10-13（c）均匀并充分地提起滑雪板以防止打滑。

秘诀是时机。基础动作教学体系会告诉你："不要人为转动滑雪板，它们应该是自己转动的。"

我的好朋友利托·特约达·福劳瑞斯指出，滑雪板的这种效果是他强调"动态预测"的结果和好处。尽管我们可能不会用同一个名字来称呼这些行为或技巧，但它们是一回事。我们指的是上下身的协调，这是专业滑雪的组成部分。

在练习中，我们的想法是让滑雪板刻雪，以便在雪地上留下两条干净、清晰的板刃刻雪线。达到这种立刃技术需要在滑雪板上保持平衡。如果上身或骨盆旋转，你将失去平衡，滑雪板将打滑。大多数滑雪者需要在两个方向上进行 2 次或 3 次尝试，然后才能感受滑雪板进入雪中并留下弧线。

再接触的加兰释放

再接触的加兰释放是一种经过改进、测试的更先进的横向板刃锁定版本。你必须能够将滑雪板拉平，然后重新向前滑动。

与之前的练习相同，让滑雪板自由滑行。当你开始在靠近弧形的底部或中部放慢速度时，当你的滑雪板指向山顶或稍微向上时，将滑雪板松开或压平在雪地上。你将不得不放弃你的板刃或有角度的身体位置，以使身体平衡。"使身体成角度"意味着将滑雪板倾斜到高边角。"有角度的身体"是在该刃角度上保持平衡而产生的。让滑雪板完全展平直到它们重新定向并开始指向斜坡。当滑雪板变得平坦的时候，你应该已经瞄准了下坡，如图10-14所示。

图 10-14　再接触的加兰释放

图10-14（a）锁定板刃角度并横移，刻出干净线条。

图10-14（b）展开滑雪板，从山下板开始，让滑雪板自由滑行。

图10-14（c）将山下板向外倾斜，直到两块滑雪板都变平。

图10-14（d）快速将滑雪板倾斜到板刃处，向上倾斜滑雪板，然后保持下背部面向上坡。

图10-14（e）保持滑雪板在板刃上的平衡。

图10-14（f）保持你的背部朝上，滑雪板在板刃位置，让滑雪板自由滑行直到停下来。

与起始位置一样陡峭，重新接合板刃并将滑雪板保持在板刃位置以完成新的弧线。这个练习基本上是板刃释放。引入极端角度的目的是让你熟悉以前可能从未做过的身体动作。滑雪者平时很少发现自己能够或需要移动多远来创造积极的身体角度。

> **成功小贴士**
> * 倾斜山上板，使臀部向上山方向移动，接触滑雪板而不打滑。
> * 将山上板后拉，以保持滑雪板前后平直。

直接的上下身协调练习

现在进行板刃锁定的上下身协调练习。通过这个练习，你开始移动到滑雪板的板刃。尽量将滑雪板放在板刃上并保持平衡。当你增加刃角时，将你的身体移向与转弯相反的方向。就像你在横向板刃锁定练习中一样，缓慢转动背部以瞄准转弯内侧。你会知道滑雪板什么时候会进行自由滑行。当滑雪板滑行时请不要惊慌，而要享受这种感觉。通过增加与雪道相反方向的身体转弯量来建立平衡。确保你在滑雪板上的压力减小——但足以留下凹槽。快速或激进的动作会让你失去平衡，所以请花时间来完成这些动作。一旦滑雪板的方向发生足够的变化，可以感觉到弧度，轻轻地、逐渐地将它们平放，并开始倾斜到另一组板刃。请注意，你在四个边上滑动，从一个转弯到另一个转弯。在对齐方面有问题的滑雪者将难以使两个滑雪板保持相同的角度。但不要放弃。请记住，倾倒内侧滑雪板对于一名滑倒的滑雪者来说非常困难，在室外滑雪时保持平衡对弓腿滑雪者来说很难。一定要在平坦的斜坡上选择一个低流量的区域。直接进行上下身协调练习的动作如图10–15和图10–16所示。

图10-15（a）先把滑雪板放平。

图10-15（b）将左侧滑雪板向外侧倾斜，使它与雪地轻微接触。

图10-15（c）在右侧滑雪板上保持平衡，并将背部转向转弯内侧。

图10-15（d）一旦滑雪板接合并沿着弧线运动时，立刻将滑雪板压平到雪地上。

图10-15（e）在朝相反方向转动上半身之前，向另一个方向轻微倾斜滑雪板。

图10-15（f）将内侧脚踝转向转弯并沿相反方向转动上半身。

成功小贴士

• 使用倾斜与反冲运动使滑雪板不打滑。

图 10-15　直接的上下身协调练习

图10-16（a）到10-16（b），滑雪板直行时，将上半身向右转，并将左侧滑雪板慢慢倾斜到外刃。

图10-16（c）保持板刃平衡并让滑雪板跟随，直到它们改变方向。

图10-16（d）身体朝前，把滑雪板放平，像开始时一样。

图10-16（e）当你转身面向左侧时，倾斜右面的滑雪板到它的外刃，使背部朝向新转弯的内侧。利落地切入滑雪板。

成功小贴士

• 检查你的足迹来评估你的表现。你应该留下两条干净的弧线，还有两个平坦的基轨的简短部分，然后是两条没有打滑痕迹的新弧线。

• 滑雪板在板刃上倾斜之前转身。

• 在板刃上滑行，让侧面切口指示路径。

图10-16　直接的上下身协调练习

我经常给高级的滑雪专家教授上下身协调练习。即使是这样的滑雪者也常常需要至少试一两次，有时是一个下午，才能掌握这个动作。以逐渐倾斜滑雪板开始。在这里我说的是倾斜，只是倾斜！大多数滑雪者，无论他们是否意识到，他们的每一个动作都有旋转和打滑。旋转是一种不必要的、削弱力量的习惯，必须根除。一旦你完成了本科课程，并可不打滑地倾斜你的滑雪板，我将演示如何使用高效和准确的动作加强你的转弯或转向。传统的滑雪教学强调旋转和转向动作，这导致身体旋转和打滑，因为打滑一直被理解为改变滑雪方向的唯一手段，特别是对于初学者和中级滑雪者。

我建议你把这个系列中的所有练习练到一个令人满意的技能水平，这样你在粉雪雪道滑雪的时候会有回报。在滑粉雪雪质当天学习基础知识是令人沮丧的，是浪费时间的。你的朋友在外面滑雪，而你却在清理你的护目镜。尝试这些练习，并将它们融入滑雪技巧中。在开始上下身协调练习之前，板刃锁定横杆至少应在每个方向上做三次。上下身协调练习至少会花一个下午的时间。经常检查你在地上的轨迹，以确保你正在练习正确的动作。如果你在留下两条清晰的弧线时遇到问题，请进行板刃锁定练习。

滑雪时上下身的动态协调

现在，你已经进行了一些练习，这些练习可以帮助你区别看待你的上下身，并且学习在板刃上保持平衡，你已经做好了进入第二阶段的准备。接下来的练习将帮助你在连续的旋转中协调上下身，这种方式将会使你成功在非滑雪场滑雪。使用你在之前练习中上半身和下半身动作的经验。

抬起足弓和手，两杆水平

这个练习是我开发的上下身协调系列中最有效的练习之一。我不知道是否有其他使用这种方法的教练。它可以包含在你准备开始协调你的上下身的任何时间。双手举起是幻影移动的另外一种说法，它里面加入了上半身的作用，这项活动的目标是协调滑雪和足部动作与上肢倾斜。

如果你从未在短弯中练习过幻影移动，那么最好先回顾和练习一下。每个转弯都使用幻影移动和倾斜动作进行连接。我常听到的第一个问题是"我抬起哪只脚？"。首先，考虑抬起足弓而不是脚，因为这一动作将倾斜和轻微抬起合为一个思考过程。其次，沿着你想要转动的方向抬起足弓。如果你想右转，请提起右侧足弓。用外部提示来评估你的表现，你也许会想，"把内侧滑雪板的底部朝向另一只靴子。"在支撑滑雪板上保持站立平衡。这些应该是短而轻微的转弯，只有一点的方向变化就能使其返回山坡上。在稍微改变方向后，将抬起的足弓或滑雪板放回雪地，并开始抬起另一个足弓。

一旦掌握了短弯幻影移动，你已为协调下半身与上半身做好准备。把你的两根杖杆放在你的肩膀前，在转弯中抬起与一只手同侧的足弓——即右足弓、右手。当你开始抬起自由脚时，将同一侧的手抬起。在手臂中保持足够张力，以便你可以同时抬起手和肩膀。通过协调这些动作，你可以建立上半身与下半身的关系，如图10–117和图10–118所示。

图10–17（a）抬起内侧足弓，同时抬起内侧手。

图10–17（b）继续倾斜内滑雪板，并保持内侧手稍高。

图10–17（c）将内侧滑雪板放回雪地上，抬起另一只手和足弓。

图10–17（d）通过保持内侧手举高和内侧足弓抬起来完成转弯。

图 10–17　抬起足弓和手，使两杆水平

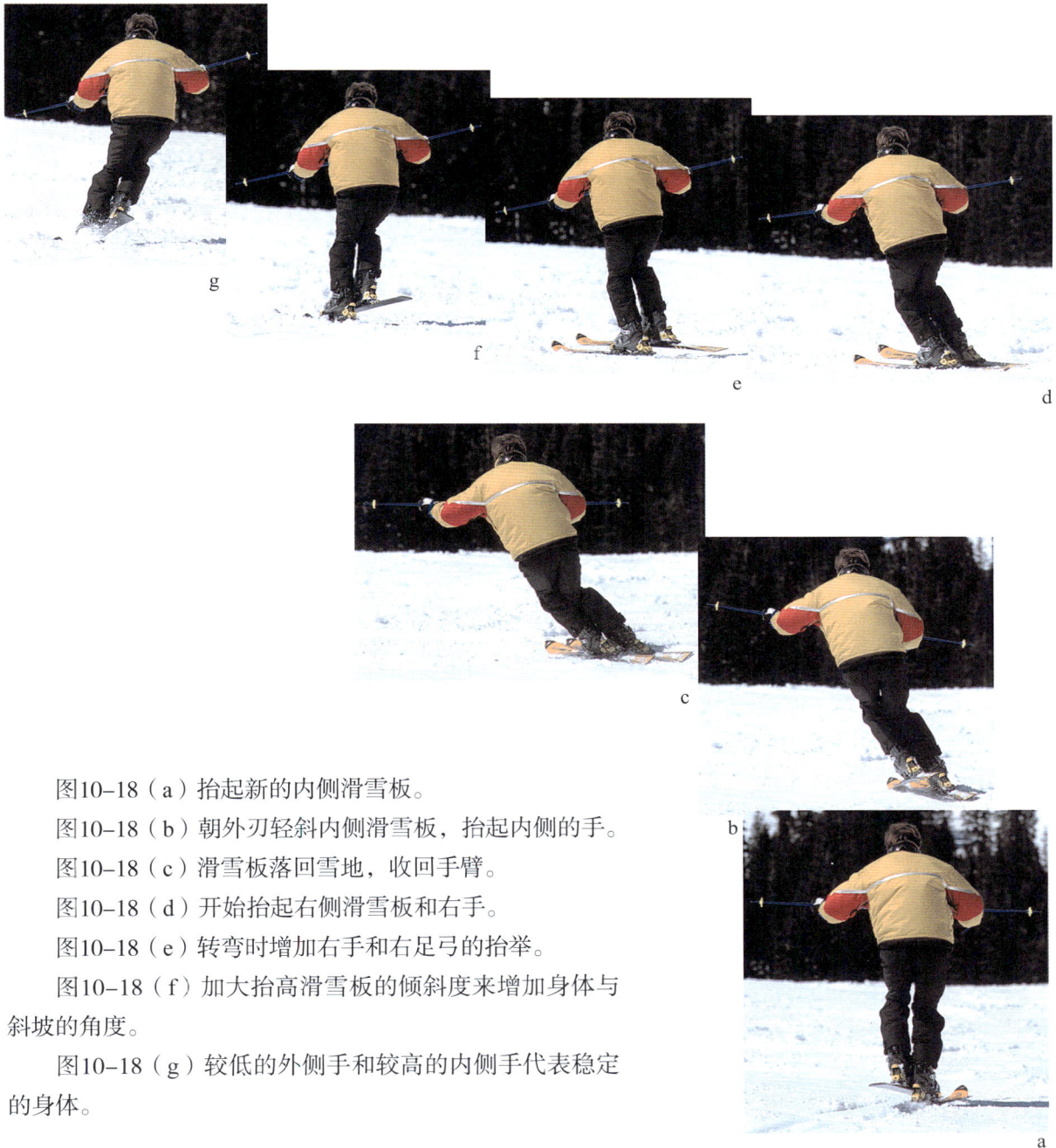

图10-18（a）抬起新的内侧滑雪板。

图10-18（b）朝外刃轻斜内侧滑雪板，抬起内侧的手。

图10-18（c）滑雪板落回雪地，收回手臂。

图10-18（d）开始抬起右侧滑雪板和右手。

图10-18（e）转弯时增加右手和右足弓的抬举。

图10-18（f）加大抬高滑雪板的倾斜度来增加身体与斜坡的角度。

图10-18（g）较低的外侧手和较高的内侧手代表稳定的身体。

图 10-18　抬起足弓／手，两杆保持水平

这一系列动作会使你身体的重量移到外侧滑雪板，也会提高身体的衔接性。对于转弯，你的身体会开始有不同的反应。许多滑雪者说最先感受到外侧滑雪板边外部肋骨和臀部的夹紧。这种感觉是对的，因为当你朝下坡倾斜你的上半身时，你会拉你的身体。注意在刻滑章节里，即使是极端的身体角度，上半身还是朝向外侧滑雪板。在坚硬和结冰的雪地上，保持身体朝向外侧滑雪板有利于板刃抓地。在刻滑章节里你会发现，更多的是注重把臀部和身体中部朝向斜坡，而不是上身、头或肩膀。这个练习会帮你提高这个技能。使用你的上半身除了会让你失去平衡，不会让你达到别的效果。做到横向平衡后，你的上半身会与地面形成巨大的角度。

生物力学优势
- 通过抬起自由脚来协调你的上半身，以建立稳定的平衡性。

成功小贴士
- 把雪杖举在你的面前。
- 将手和足弓一起抬起。

抬起足弓/双手，保持正确的杆位

一旦你将足弓与水平举杆协调起来，你就可以将杆杆保持在常态位置再次练习。这里的想法是感受额外的板刃保持和角度，这可以通过上半身的协调来实现。把杆杆从身体旁拿开，当你抬起你的足弓/滑雪板时，同时抬手。这个练习的动作非常极端，但是当我看着拍摄的照片时，我总是惊叹于练习提供的出色的身体姿势。我认为我们不应该每天都使用这种极端的上半身向外倾斜来滑雪，但是这项练习向滑雪者传达了他们在常规滑雪中可以获得的更多倾斜度（如图10-19所示）。

图10-19（a）保持双手平稳过渡。

图10-19（b）抬起滑雪板后部并开始倾斜。

图10-19（c）抬起内侧手臂。

图10-19（d）弯曲腿部以放松。

图10-19（e）准备抬起内侧滑雪板的后部。转换过程中，手保持水平状态。

图10-19（f）抬起并倾斜内侧滑雪板，然后抬起内侧手臂。

图10-19（g）内侧滑雪板倾斜，内侧臂稍高。这个姿势是真正平衡的。

生物力学优势

• 身体对足弓和手臂抬起的反应使滑雪板能不打滑地侧切。

成功小贴士

• 抬起内侧手、胳膊和肩膀。

• 将足弓和手臂一起提起。

a

b

c

d

e

f

g

图 10-19　抬起足弓和手臂，保持正确的杆位

演示检查

本章的运动表现检查由几个部分组成。在任何"毕业条件"——未经处理的雪或高角度立刃转弯中，上下身协调对于成功至关重要。

雪杖的使用

你可以请朋友来帮助你判断使用雪杖的情况。你应该能够在连续小转弯和平坦雪地中通过杆位使用测试：当从后面查看时，你的双手始终在身体的每一侧都可以看到。

在平坦雪地做连接的短旋转中，你应该能够完成雪杖的正确移动。让你的朋友注意你的杖杆在做释放动作前是否碰到了雪，并确保杖杆摆动和转弯的节奏至少在10圈内保持不变。

为准备研究生课程，在至少10个转弯内你必须在高级道使雪杖的位置固定。让你的朋友注意，在你的滑雪板松开之前，一定要确保你的杖杆被牢牢地安置好，并确保你的速度在10个转弯中保持控制和恒定。在每一个转弯的最后，你的滑雪板应该指向山的另一边，而你的上半身则面向下坡。

上下身协调

上下身协调的运动表现检查包括两项任务。首先，你需要向两个方向完成花环弯释放和立刃。其次，你应该能够在两个方向上直接进行上下身协调练习和立刃练习。对于这两项任务，你可以通过检查滑雪板在雪地上的轨迹来判断自己的表现。当你正确地进行练习时，你会看到滑雪板在没有任何打滑或横向滑行的情况下滚到板刃。在上下身协调练习中，你应该看到两条清晰的板刃弧线，然后是滑雪基地的一条平直轨迹，最后是两条更清晰的弧线。

雪杖和上下身协调

你需要检查你是否可以通过足弓/手动升降和雪杖定位来协调你的身体和撑杆摆动。在不增加速度的情况下，你应该能够在修整的中级地形上至少做10个转弯动作。

最终表现测试

恭喜！实现上下身协调是进入研究生课程（包括立刃转弯、颠簸、粉雪或所有三个主题）之前的最后一步。如果你在本科课程每个章节的演示检查中取得成功，你已为最终检查做好了准备。剩下的就是连续释放测试。

连续释放测试

对于最终测试，你应该能够执行至少10次连续释放，每次释放后完全停下。只要滑雪板在整个练习过程中保持平行，做哪一项本科课程里的练习（双脚、加重或上坡滑雪）都没有问题。要求如下：

- 当你停下来时，雪杖必须稳定。
- 在两块滑雪板以内的长度停下。
- 你的转弯弧度不超过两块滑雪板宽度。

毕业！

成功完成连续释放测试后，你就可以参加研究生课程了。研究生课程的相关章节将把你本科学到的技术应用于特定的条件。在你阅读研究生课程的相关章节时，如果你对所提供的技术没有信心，请回顾本科课程中适当的章节，并在需要时再次练习。

第十一章
刻 滑

　　如何准确地理解刻滑？我的一位《谁都可以成为滑雪专家》读者在德国亚马逊网站上发表评论说："一个简单的可以理解的刻滑，可使所有滑雪者最终都能学会。"我认为，这总结了我们的基础动作教学体系。我们认为刻滑是转弯的基本标准，尽管刻滑被许多滑雪者认为是难以捉摸的。刻滑有许多方式，对不同的滑雪者有不同的理解。在一些圈子中，刻滑已经成为一个几乎独立的部分。在滑雪中，就像雪包滑雪和雪丘滑雪并不是滑雪的主流，对于普通参与者来说驾驭比赛也不是打高尔夫。尽管如此，跳跃式滑雪仍然有趣。

　　基础动作教学体系平行指导理论定义了转弯和刻滑转弯的一致性。滑雪平衡性的测量原则应该是基于刻滑。有人说，基础动作教学体系过于强调刻滑。我认为，那些人认为刻滑并不是滑雪过程的全部，而是一个转向应用的特定技术。我在基础动作教学体系的精确生物力学应用中看到刻滑的作用，刻滑是最能体现弧形滑雪板设计原理的。当滑雪遇到雪包和粉雪时，我会使用基础动作教学体系运动进行微调。当我刻滑时，我使用完全相同的基础动作教学体系动作，也会根据雪地和滑雪板设计进行适当的调整。我并不会像一些人建议的那样使用完全不同的技术。

　　刻滑并不是一个新的争议点，但是基础动作教学体系平行指导理论重新点燃了战火，并成为了一个新的争议点。刻滑自20世纪70年代起就存在争议，当时，沃伦·威斯瑞尔抛出战书，暗示比赛者照搬教练所教导的刻滑。我和沃伦很熟，并参与了他的《运动滑雪者》一书。我认为他最初的断言仍然是有效的。这并不奇怪。一些滑雪技术人员和理论家认为，学习刻滑限制了滑雪的进步。我认为这种情况是普遍存在的，因为他们认为刻滑需要特定的技术和动作。我同意，与传统动作相比，刻滑是一种新的、不同的技术，但我不同意刻滑限制滑雪者潜能的观点。不幸的是，对于滑雪者来说，这项技术限制了全球范围内滑雪技术以及弧形滑雪板的发展。基础动作教学体系坚持不同的观点：生物力学上有效的动作可以是多种多样的，包括刻滑。

中等速度的刻滑转弯

基础动作教学体系技术和动作与最上层的滑雪专家水平是相同的，两者之间的区别在于动作的强度和速度。在高速滑雪和地形陡峭时需要更快的反应。图11-1介绍了在中级道水平地形上刻滑的转弯。中速刻滑转弯和高速陡峭斜坡转弯唯一的区别是动力的减少，造成速度降低和坡度角度不同。

纯刻滑在最初通常会导致更大的转弯，正如你希望的，滑雪板会产生弧度。单纯的刻滑转弯半径取决于侧切、滑雪板弯度和滑雪板角度。一个刻滑新手不会马上知道如何弯曲滑雪板或增加刃角度。如果你想通过高速刻滑产生较大的身体角度，你有必要学会这两项滑雪技术。

增加对滑雪板的压力，可以减少刻滑圈的半径（弧度收紧）。想象一下弓和箭：当你把箭往后拉，弓的弯曲度增加。外腿刻滑转弯可以与胳膊拉弓做类比。当你把腿伸进一个刻滑转弯，你弯曲滑雪板，创造了弧度更大的急转弯。通过下压滑雪板将其尖端和尾部压入雪地，能够产生更大的刃角，滑雪板收紧形成转弯。宽阔的尖端和尾部比较窄的腰部更能咬紧雪地，于是滑雪板又变成一个更紧的弓。

使用传统的滑雪板时，侧切几乎是不存在的，因为两侧的滑雪板几乎是平行的。对滑雪板的前部施加较大压力才能使其倾斜进入雪中。那时候，滑雪技术是由滑雪板的设计决定的。那个时代的专家滑雪者有能力"向前"足够远，以弯曲前部开始刻滑滑雪。中等水平的滑雪者被教导扭动滑雪板，因为他们被认为没有足够的力量和技术进行专家级的前移。弧形滑雪板几乎不需要一个向前的压力就能进行刻滑转弯，因此，更多的滑雪者可以像专家一样学习滑雪。正如我前面多次介绍的，老方法不仅不需要，实际上它会压倒弧形滑雪板，使尾部显露出来。让我们看一下图11-1，学习新的刻滑方式。

图11-1（a）在过渡之前，转弯仍在持续。保持外侧腿几乎伸直，内侧滑雪板倾斜。横向平衡点应固定在外侧滑雪板。

图11-1（b）转弯快完成时，开始摆动雪杖，稍微放松、弯曲腿部。

图11-1（c）弯曲腿，放平滑雪板，并开始将膝盖和身体向下移动并下压滑雪板。

图11-1（d）放松并进一步放平滑雪板，身体的冲力使你重心下移到滑雪板。在两个滑雪板上保持平衡。

图11-1（e）将更低的滑雪板倾斜向它的外刃。腿也将跟进倾斜动作。只使用脚进行倾斜动作（如转向、腿转弯、旋转上身）将打破平衡。

图11-1（f）这里开始使用第十章介绍的动作，即"上下身协调"。随着转弯的进展，将内侧手臂向前伸，使臀部上移向后方。你也可以把动作看成是"背部露出"到转弯的内侧。

图11-1（g）在这里，上下体之间的关系应该类似于直线上下身协调训练，如图10-15、图10-16所示。在这里，由于速度，你的角度将会更加倾斜向雪地，朝向转弯的中心。

图11-1（h）继续倾斜内侧板，控制上身不需要过多地做什么，让滑雪板顺其自然。

图11-1（i）倾斜自由滑雪板到它的外刃，以增加身体角度。内侧的滑雪板可以触雪，但应该保持轻盈。如果能从雪地里稍稍抬起，你的滑雪就是平衡的。当转弯接近结束时，臀部和肩膀开始与滑雪板一起转动，如图11-1（a）所示。使上身张开成方形，或在转弯结束时转动滑雪板，是一个完全、闭合并为下一个转弯做准备的自然、连续的过程。

e

f

g

h

i

图 11-1　中速刻滑滑雪

刻滑和基础动作教学体系动作

你可能会意识到，你所学习的第一个滑雪动作并不包括平行刻滑能力。传统教学往往会试图减少和轻视刻滑的重要性。有人试图建议，基础动作教学体系在教学进程中教授刻滑滑雪时进展太快。我同意，初级滑雪者只能沿着他们的滑雪板向下滑，他们在斜坡使用滑雪板侧切对他们自己和其他人来说都是危险的。但学过基础动作教学体系的滑雪者则不会出现这样的情况。相反，大多数学习基础动作教学体系的滑雪者掌握了刻滑和掠过式方向改变。基础动作教学体系最大的优点是它可使滑雪者快速达到刻滑转弯的水平。

滑雪者按照自然趋势滑雪，不叫刻滑。基础动作教学体系区分了打滑的转弯和掠过式刻滑转弯。我们并不教打滑转弯，我们教的是运用滑雪板和控制速度在雪地上进行的运动。在雪地中，一个掠过式的刻滑转弯使用较小的刃角度转弯产生更大的轨迹。在你学习之前，你可能会通过基础动作教学体系了解这个转变，并完全熟知刻滑转弯。当学习刻滑转弯时，好的滑雪者应该能在雪地中留下两行干净的、单一的、紧凑的轨迹，而学得不好的滑雪者将产生一个轻微的掠过式转弯。这两种转弯都与滑雪板的形状差异无关。如果你发现自己不能使用刻滑技术，或者在转弯过程中遇到弯道打滑、转弯长短不一，这证明你还没有学到正确的技术。

显而易见的是，现在基础动作教学体系的基本动作将使你学会平行刻滑。那些想要达到更高层次的人，比如在高刃角倾斜身体，那么你必须更加专注地学习这些技能。如果你运用在本科生课程中学到的一些知识，那么你将能够像在照片中的我和戴安娜一样刻滑。这个技巧不会改变，动作的时机会用照片详细描述，如图11-2所示。

图片 11-2　弯曲内侧腿，外侧腿刻滑转弯

图11-2（a）在之前系列图片的动态展示中引入高刃角和身体角度的刻滑转弯。内侧腿的强烈弯曲和内侧滑雪板的倾斜可以形成这样的倾斜角度。

图11-2（b）这个位置与图11-2（a）是相同的，但它转的弯更大。继续倾斜内侧滑雪板到外刃。当你倾斜滑雪板使身体能够更加接近雪地时，弯曲内侧腿，进行更大角度的内侧转弯。当内侧腿弯曲时，保持外侧腿延伸。许多滑雪者相信外侧延伸的腿推动身体转弯，事实并不是这样，如果你这样做会使身体失去平衡。

图11-2（c）向外侧腿部肌肉施压，保持这种力道并延伸外侧滑雪板，为支撑滑雪板储存能量。当你弯曲释放时，这些储存的能量会将你推向另一个新的转弯。

刻滑的设备

欧洲的一些高山国家举办的刻滑比赛是以滑雪场周围的锥形体为基础，类似障碍滑雪。他们使用的技术，是以宽脚站姿和非常专业的设备来定义的。相比之下，你在本书中看到的照片使用的是基本的滑雪板和普通的设备。刻滑比赛者使用非常短、窄腰的滑雪板，在靴子底下有很高的鞋垫。他们不使用雪杖，他们向雪地伸出胳膊以防摔倒。在这种比赛中，大多数滑雪运动员旋转他们的上半身带动滑雪板，以获得更快的速度。正如你所见，这种滑雪模式是非常特殊的，并不常见。

这些滑雪选手也会进行刻滑，因为这是保持速度和控制力量最好的方式。在滑雪比赛中，他们对上身的要求比对刻滑比赛选手的更加严格，但他们确实使用专业装备。

对于刻滑，我们应该做哪些准备？我们必须考虑装备。去年我有一批学员在学习用宽缩腰全山滑雪板、自由滑雪板进行刻滑十分艰难。适合的滑雪板，滑雪者可以使用刻滑。并且，你在购买时，售货员应该告诉你哪些滑雪板是不能进行刻滑的。

如上所述，本章中的照片选用的大多是普通的滑雪板并且是使用任何人都可以购买得到的设备进行拍摄的。我不喜欢提供过多关于公司生产线内特定的设备型号信息，因为一年后许多型号将不复存在，经过两年，技术是可以升级的。我最经常使用的滑雪板是"艾朗活力刻滑板"。活力刻滑板可以在颠簸或所有山地情况下使用，它们是有利于包括雪包在内的任何一种雪地滑雪使用的，可以产生一个半径约为14m的侧切转弯。这样的滑雪板都是由大公司制造的，应该会在未来几年内投入市场。例如，Cyber Slalom Ti and the Cyber X-60、BetaCarve 9.14以及 aggressive 9.11。我将这些滑雪板推荐给刻滑爱好者，特别是渴望学习刻滑的滑雪者。

高角度的刻滑领域

什么会带给我们超越常规的刻滑转弯，让我们实现高角度的刻滑转弯？还记得介绍中关于不转动滑雪板的章节吗？如果有一种情况会使滑雪板转向，使滑雪失败，那么就是在刻滑的时候。只有改变运动刃角度和倾斜行为，将滑雪板转动90°才会成功。在本科课程的上下身协调（ULBC）部分，你会发现高角度的刻滑转弯需要横向运动基础。斜坡不必十分陡峭，适度的坡度有助于更好地学习。这本书中的照片都附加了中级道的地形。发展高角度转弯需要加强动作实现。在这项任务里，能帮助你的是滑雪板的侧切和在加速中产生的惯性。让滑雪板转弯，从字面上理解很简单，提前设置好转弯角度，有利于转弯平衡，如图11-3所示。

图 11-3 设置角度，细化平衡

图11-3（a）戴安娜展示了一个有力的早期角度转弯。
上一轮的完美释放有助于你达到这个早期的、极端的身体
角度。上一轮的能量推动你进入新的转弯位置。

图11-3（b）通过弯曲内侧腿收紧弧度，并进一步倾斜
内侧滑雪板。

图11-3（c）现在，这只是一个保持平衡的问题。你可
以通过内侧"强壮的手臂"改进你的支撑点滑雪板平衡，
进行位置微调，如升高、降低。使用简单的动作，如倾斜
和弯曲实现转弯，然后专注于微调维持平衡。

图11-3（d）转弯快结束时，开始放松你的腿部肌肉，
顺着带动身体转动的力量，直到下一个滑雪板转弯。

通过倾斜内侧脚也可以收缩转弯的弧度，如图11-4所示。

图 11-4　通过倾斜内侧脚收缩转弯的弧度

图11-4（a）戴安娜展示了一个平衡刻滑动态，即在外侧板上保持平衡，内侧腿弯曲、倾斜。

图11-4（b）增加身体角度，并通过倾斜收紧转弯半径。戴安娜的大腿骨外旋证明，滑雪板的角度是相同的。这种极具动态性的滑雪是不能被主张"滑雪板双脚重力分离"的刻滑教学完成的。保持内侧脚触碰外侧腿。当你弯曲内侧腿时，向外伸展外侧腿。增加脚之间的垂直距离——不是水平距离——使它更容易在外侧滑雪板上保持平衡。在释放期间，腿部长度会变得均匀，你的滑雪板将再次并排。

> **成功小贴士**
> - 尽可能向外刃倾斜内侧滑雪板，大腿内侧向外移动。
> - 保持内侧脚触碰外侧腿。

通过弯曲内侧腿来收紧转弯弧度，如图11-5所示。

图 11-5　通过弯曲内侧腿收紧转弯弧度

图11-5（a）再次弯曲内侧腿、倾斜内侧滑雪板，将身体带入转弯的中心。

图11-5（b）增加内侧腿的倾斜和弯曲，缩小半径，并进行更小的转弯、侧切。再次在整个倾斜和弯曲过程中保持内侧脚接触外侧腿。

放松支撑腿

与所有简单的事情一样，提供一些背景信息可能会有帮助。我在这本书的上下身协调（ULBC）部分介绍的内容仍然适用。平衡是刻滑的关键，对其它正确的滑雪技巧也适用。如果你可以改变滑雪板方向，倾斜的滑雪板在雪地里留下两排很浅的痕迹，那么你就具备了学习高度角刻滑所必须的基本技能。

接下来，在你学习项目中必须添加腿部的收缩或弯曲。这正是我们在第七章"关于力的使用"中所提到的。在转弯结束，滑雪板尖部开始倾斜，朝地面指向的那一瞬间，你必须积极弯曲你的支撑腿，弯曲能够反作用于滑雪板。这意味着有控制地缩腿，这样你身体的中心可以靠近滑雪板。几乎在这本书的每一个转弯环节你都会看到，在转弯时滑雪者的身体离滑雪板越来越近。我们讨论了无数次这是如何完成的。放松支撑腿开始释放，但在刻滑中使用上一个转弯的能量，将你带入下一个转弯。过渡的时机和速度非常重要。如果你完成得太晚了，你就无法利用你身体的最佳惯性进入新的转弯。快速弯曲你的腿来移动重心靠近雪地，并使滑雪板平铺在雪地上。如果同时添加重力释放的元素，过渡的速度甚至会更快。

如果有需要，复习本科课程中增加释放的内容。在支撑板上保持你的重心，你所释放的能量可以带你进入下一个转弯。控制支撑腿并保持放松，如图11-6所示。

图 11-6　控制支撑腿并保持放松

图11-6（a）当转弯结束时，需要放松腿部的肌肉和精确地控制放平的速度。在这里，我开始放松了。

图11-6（b）只要稍微放松一下你的肌肉，腿部的肌肉就会把你的身体带回滑雪板。保持外侧板的平衡直到它完全放平在雪地上，然后轻抬，倾斜到外刃而成为新的内侧板，然后开始新的转弯。

成功小贴士

• 控制放松和放平的速度。
• 平衡外部滑雪板直到它放平。

在快速转弯中，可以放松腿部，如图11-7所示。

图 11-7　为了快速转弯而计算好释放时间

图11-7（a）用内侧滑雪板带动倾斜动作，将外侧滑雪板立刃于相同的角度。把外侧腿拉长，内侧滑雪板倾斜将带动身体进行内侧转弯。

图11-7（b）开始放松腿部，使之更加弯曲，身体将沿着滑雪板向下坡移动，滑雪板将会在雪地上铺平。

图11-7（c）转弯完成——让转动的力量将身体拉入新的转弯。注意滑雪板和身体从一个转弯进入另一个转弯的角度变化有多快。

图11-7（d）如果在开始将内侧滑雪板重心放轻，进入到下一转弯就会变得容易，因为身体可以拉到转弯的中心。

图11-7（e）当内侧的滑雪板不妨碍身体的下降和转弯，早期身体产生的角度带入转弯是可能的。在内侧滑雪板放置太多的重量，将会妨碍你身体的移动和转弯。身体和滑雪板角度增加受阻，速度和刻滑能量将会丢失。

图11-7（f）使内侧滑雪板掠过雪面，准备好增加倾斜角度。

第十二章
雪　包

　　滑雪包可以看作滑雪之旅的里程碑，也是通往滑雪专家之路上的重要挑战。在科罗拉多州洛芙兰滑雪场，我们经常给滑雪者定制这样一个标准：既不横穿也不停止地滑完整个雪崩区（高级雪道速度的两倍）。能够直面这些挑战，说明你已经在成为专家的道路上了。这里收集了许多关于高速滑陡峭雪包的例子，目的是强调所需要的不同的滑雪技巧并帮助滑雪者达到相应的滑雪水平。滑雪包的精髓就是能够完美地做出小弯滑行。毫无疑问，要做出稳定的小弯滑行就必须要有强有力的点杖。没有这些技能并非就不能滑雪包，只是说这样滑看起来没那么专业而已。你能滑下去，但会比较困难。如果你没有掌握本科课程介绍的基础知识，重拾自信可能要花费很长时间。以下是按顺序排列的滑雪包的基本能力：

- 小弯滑行。
- 点杖。
- 上下身协调。

　　如果学习了前几章的动作，并且觉得得心应手，就可以开始准备接下来的雪包滑雪毕业课程了。

　　年轻强壮的滑雪者可能会决定跳过本书第一部分的本科课程，因为他们相信自己能够在实际操作中学会。但我的第一本书《谁都可以成为滑雪专家》的读者向我坦白说这种判断错了。他们告诉我，他们在大致浏览全书，从图片和拼集照片里选取感兴趣的部分之后就直接翻到喜欢的章节去阅读。他们立即出门去斜坡上尝试那些动作。很幸运，尽管私下没有进行充分准备，但他们大多数都成功了。后来，这些读者向我坦白，他们读完整本书，对关于怎样运用我所教授的体系有了更深的理解，甚至技术上有了显著的提高。追求立竿见影的成功是人性所在，很多人一开始就会读这本书中最有趣的部分，一些人可能在读这章之前没读别的章节。

如果这一章的介绍对你有直接的效果，我不能阻止你去尝试。但是，如果一旦发现读这章有困难，那就返回去阅读介绍部分，并且学习本科基本课程，这样一切将会有所不同。

如果没有本书前面所介绍的基本动作作基础的话，滑雪者可能会练就防御性的雪包滑雪技术。即兴雪包滑雪的缺点就是会造成身体的磨损，甚至伤筋动骨影响到双腿。当新型弧形滑雪板问世时，我意识到我一直在避免使用204厘米障碍赛滑雪板时的颠簸，这种全新形状的滑雪板为我打开了一扇大门。传统的滑雪板因为缺少侧切以及它们庞大的体型，滑雪者在通过野雪包地区时需要尽全力去摆动。腿部的扭曲和滑雪板的弯曲都需要力量与强度。如果有人像我一样膝盖不太好，那么在运动过程中可能非常痛苦。在雪包滑雪过程中使用高效的动作能有效减少冲击力。无关动作只会消耗时间与精力，真正的雪包滑雪专家并不会给这些无效动作留空间。我主要使用这本书开头提及的照片与图集来解释这些基本动作。

我对雪包滑雪制定的目标是，在有天分与能力的基础上控制动作，并优美地展示动作。我认为，惊险性、空中无控制滑行和物理撞击这些因素，并不是判断雪包滑雪者是否经验丰富的必要因素。在合适的时间点转体、达到利用雪包形状与轮廓的目的也是雪包滑雪重要挑战的一部分。在能够做出极度同步的释放动作，并且完全切合雪包轮廓前，必须要反复练习，将动作做到熟能生巧。学习基础动作教学体系的一个好处就是能够如你所愿地加快或者减慢做动作的速度。

动作的路线与时间点

在滑雪包的过程中，滑出一条线就像是在跑马场上保持一条线一样。如果你还没有能力滑出一条线的话，这里讲的指导技术就不太适合使用。我经常看见很多人在练习滑直线，他们的动作就好像是把运货的马车放在马前面。除非技艺高超，否则很难控制前进的方向。任何技术都不是万无一失的，就像是在赛道上扭动滑雪板也不一定能滑出理想的直线一样。这里讲的技术也并不一定让滑雪过程变得流畅可控。学习合适的技术有助于滑雪者选取适合自身的转弯方式，从而引导他们在赛道上成功完成雪包滑雪。

在层层重叠的雪包之中有一条捷径能够帮助滑雪者以最快的速度选取出理想的路线，即在雪包顶部采用正确的滑雪动作。除此之外，下落动作和在雪包之间凹陷处的空中动作也要正确。如果使用了基础动作教学体系提及的系列动作，你就有能力尝试以下动作：

- 在雪包顶部倾斜内侧板。
- 让外侧板到达雪包正面的边缘。

- 在转弯的全过程中，通过倾斜内侧板来增加立刃角，同时伸展外侧腿保持和雪面接触。

做上述动作时，要伸展外侧腿。与此同时，滑雪板的方向也会有所改变。这样，到达雪包之间的凹地时滑雪者就能保持平衡，并且在完美的位置屈曲原本伸展的外侧腿，从而在下一次释放时利用凹凸和雪包边缘。

接下来，在面对陡峭且飞驰而过的雪包时，我们几乎没有选择的余地。在滑雪包时选择理想的路线，更多地是对前方环境的直接反应，而不是之前选择的既定路线。在雪包练习滑雪，是一个锻炼反应的游戏。你在弄明白你所处的位置上要做些什么之后，接下来的明智之举就是往前看，准备迎接下一个雪包。虽然学习了路线，但这并不意味着滑雪者总是能够按照选好的路线滑。实际上，真正顶尖的比赛者在学习了基本路线轮廓和方向后就会对此做出调整，便于他们更快地加速。一味地思考如何才能滑出理想的路线，反而会被限制自由，并且做的动作也会有延迟。有几个比赛选手是以这种方式准备的。我了解其中一人，他过分担心每一个雪门的位置，从而滑得比较慢。朝下一个雪门看并用精准的动作滑出完美的弧线，这才是成功的战略。

雪包赛道和比赛赛道完全不同。如果在比赛赛道上轻度越轨，一到两个门标之间做出调整还是可以回到赛道上的。但是如果在雪包赛道上偏离了预计路线，那就真的是差之毫厘、谬以千里了。滑雪者对此束手无策，只能面对接下来新的雪包了。真正的雪包滑雪者其实是多才多艺的，他们适应性特别强，能够及时应对雪道上出现的任何情况。

如果刚接触滑雪包，就要提前开始为中级雪包滑雪做准备了。每次尝试滑2~3个雪包。在这种情况下，滑雪者可以往坡下看得足够远，然后就可以计划滑雪路线了。就像基础动作教学体系提及的各个水平一样，要通过倾斜滑雪板来提升转动技术。能够在接触雪包的前期采用小弯滑行动作，就可以称之为寻求成功路上的里程碑了。对于专家级雪包滑雪的描述完全适用于初级雪包滑雪，二者的唯一不同只是地形的改变。

脚速

雪包滑雪的基本要素之一就是脚速。有人可能会问："什么是脚速？听起来似乎很重要，我也很感兴趣，但是它到底是什么？"我第一次听到滑雪中的脚速时也问过同样的问题。难道是要我更快地移动双脚吗？我认为短跑运动员和网球选手可能比滑雪者更需要这个能力。实际上，我指导过那些出色的滑雪者，他们滑得并不快，甚至很慢。此外，我认为对这个术语的理解障碍来源于视觉印象，因为滑雪者改变方向时动作做得特别迅速。这个术语很有意义，因为所有和改变方向有关的动作都牵扯到脚和滑雪板。在外行人眼里，好像出色的滑雪者脚上动作都特别快。但实际上，脚上动作并不是要求做得快，而是要求快速选取接下来要做的系列动作，这才是在滑雪包时避免撞击的关键所在。

图12-1和图12-2是相同的转弯。图12-1中的动作已经被展开，图片展示的是分解动作。图12-2展示的是在雪包上的实际转弯位置。这些雪包处于陡峭的山坡上，大且紧密，所以这些转弯非常短并且急促。

图 12-1　雪包滑雪基础

图12-1（a）点杖并开始释放。

图12-1（b）持稳雪杖。让滑雪板漂移，避免扭动。开始倾斜并且有力转动内侧板至其新刃。

图12-1（c）在身体超过雪杖后保持内侧手向前，以此保持上身呈直线型横过滚落线。漂移阶段过后，身体在滑雪板上重新恢复平衡。

图12-1（d）摆动雪杖尖端为下一次点杖做准备。

图12-1（e）点杖并且允许滑雪板漂移。

图12-1（f）向前推动内侧手，同时另一只手准备再次摆杖，自始至终保持点杖动作。应当始终有根雪杖在摇摆，为点杖做准备。

图 12-2　利用释放来产生脚速度

图12-2（a）当滑雪板漂移（可以看作平直滑行的瞬间）时，把较低板收回身体下方，同时朝外刃倾斜。

图12-2（b）倾斜新的内侧滑雪板到其外刃，接触雪面。继续倾斜和屈曲，让滑雪板能够绕雪包滑行。

图12-2（c）下一个释放会让滑雪板重新指向下坡，通过有力倾斜自由脚并且压制滑雪板来完成转弯。

要提高在雪包滑雪中改变方向的能力，必须要学会如下几个动作：释放、平衡移动或转换。如果在开始一个新转弯时不重建平衡，滑雪者可能会因强大的冲击力而感到不舒服。将身体重心由一侧或是脚上移至另一侧，这些平衡移动的动作是雪包滑雪成功的关键所在。因此，在下一次转弯时要准备移动重心来保持平衡。平衡来源于平板的稳定。在释放时移动身体，会建立一个新的支撑脚，倾斜时会带动支撑滑雪板，为新的支撑脚来创造一个稳定的平台。

给滑雪板加压

　　对于单纯理论者来说，在技术上用加重或减轻去描述功能性滑雪动作可能是错的。但是，在我滑雪时，通过伸展双腿增加对滑雪板的推力时，我可以清楚地感受到脚下的压力。在板尖和雪面产生一个较大的角度时，我也可以感受到更大的压力。我的身体来回移动，不断地改变姿势，对雪地给我的支撑力作出回应，所以我可以感受到压力的增加、滑雪板或是脚上重量的变化。滑雪者可以用多个方式去感受和描述压力，重心移动就是这些方式中的一种。使用高效动作时，身体会很自然地在新的支撑板或者支撑脚之间来回移动寻求平衡。身体在滑雪板上不断调整以保持平衡，对变力作出回应。在前一个转弯的山缘上释放时，我的支撑脚就变成了我的自由脚。平衡朝向新的支撑板移动。我伸展双腿，增加与滑雪板的接触，身体重心转移到靠山的一侧。原来靠山一侧的身体现在开始减少重心，一点点减少，然后变成完全自由的一侧。自由侧也应该一直倾斜来控制滑雪板，同时也可以做一些有助于改善或者保持平衡的动作。这些解释大多数都在描述身体该怎样做出反应。这些例子和外部提示不一样。然而，有时候这种解释会为滑雪者带来额外的洞察力。除了单一使用有效的外部提示外，这些例子给深入理解技术开辟了一条新道路。

　　本书前面提到，基础的教学目标应该是创造平衡。我更倾向于限制使用技术用语，比如"移重心""压制移动"，因为这些词太技术化了。使用转移平衡的想法更有意义。如果想要转移平衡，除了改变压力和移动重心外没有别的选择。在重心开始移动的时候，平衡就重新建立了。考虑转移平衡的最大优势就是，每一次你都能够做出合适的刃角，调整身体以及在正确的地方施加压力。把平衡放在第一位，深思熟虑，要确保你所做的都是为了实现平衡。这种移动经济有效，也是实现一致性的上好方式。我喜欢使用简单的动作，注重动作之间的结合。这种方法让滑雪者不用想太多也能够获得出色的结果。图12-3为克里斯·安东尼（阿拉斯加州极限冠军，经验丰富的世界极限锦标赛竞争者）展示自由脚的动作。

图 12-3　克里斯·安东尼展示自由脚的动作

图12-3（a）屈曲双腿以吸收转动的底部。滑雪板漂移的同时握紧点杖。

图12-3（b）仍然持杖，屈曲内侧腿并且朝外刃倾斜。

图12-3（c）像释放时一样，倾斜内板让滑雪板重新定向。

图12-3（d）伸展外侧腿靠近雪面，准备点杖。

图12-3（e）屈曲双腿并充分过渡。

图12-3（f）让滑雪板漂移，但注意收回内侧板。

图12-3（g）收回两侧雪板，让滑雪板产生的角度能够和坡度相匹配，为接下来的转弯做准备。

回顾幻影移动

我们回到幻影移动上来，看着一个简单的动作展示会怎样引发全身的连锁反应。幻影移动听起来似乎太简单，但是它的效果却远远超过预期。我喜欢从传统的滑雪教学组织听到有关幻影移动的评论，他们批评基础动作教学体系只有一个动作，不相信这么简单的东西有什么作用。

基础动作教学体系是一个完整的体系，而不是"单一的动作"。这些评判显示了对基础动作教学体系的无知。但是我把这些评价看作赞扬。如果你通过一个动作就能滑得像个专家，这是个壮举！当你把幻影移动分解成很多小部分时，它就变得特别复杂。因为它的概念很简单，但是背后却有着复杂的推论。在这种情况下，滑雪确实成了复杂的事。但你不必了解科学理论就能开始滑雪，这就是基础动作教学体系的美妙之处。幻影移动远远不止一个动作，它启动了一个有效动作链或者说是一系列的有效动作。

当滑雪者分析幻影移动时，他们发现实际上他们在执行着下面这一系列动作：

- 通过轻压外侧滑雪板，减小滑雪板与雪面之间的角度，从而进行释放。
- 通过减轻或抬起先前的外侧板来换板，使之成为自由板或者新的内侧板。
- 通过朝小脚趾或外刃倾斜内侧板触雪，并且继续倾斜滑雪板至转弯的末尾。

这个描述是对幻影移动动作的完整分解。幻影移动可以从转弯中移出，直接在新的外侧板上移动身体建立平衡，开始让滑雪板处于新刃上，并且继续完成转弯。简单描述幻影移动，轻轻抬起原来的山下板并朝外刃倾斜。一旦你学会了这个动作的顺序，你的下身就可以做出幻影移动。

在图12-4中，克里斯·安东尼展示了在陡峭雪包滑雪中的直线滑行。他从一个动作很快地过渡到另一个动作，连续表演幻影移动。这些转弯的关键时间是在释放之后。幻影移动必须在转弯的早期进行以保持平衡。注意图中克里斯在什么时候用他的自由脚控制滑行，使之呈现出这种角度。幻影移动的美在于一个动作就能影响整个转弯计划，这是在雪包滑雪中使用基础动作教学体系的生物力学优势。

生物力学优势

- 当自由脚倾斜导致支撑板转动时，你可以伸展支撑腿，这比转动要简单。保持和雪面的接触，并且尽可能做到大范围的屈曲，为即将到来的雪包做准备。

图12-4（a）这里展示的是转弯动作结束的时候，双刃正紧抓着雪地。前摆雪杖，为点杖做准备。

图12-4（b）放松双腿，让滑雪板变平、漂移。

图12-4（c）收拢你的释放脚——现在的自由脚——抬起和拉回支撑脚。

图12-4（d）当自由脚来配合支撑脚时，外刃倾斜。记录完成了多少次的方向转变。

图12-4（e）点杖，稳定上身并且协调释放。

图12-4（f）克里斯释放双刃让滑雪板漂移，并准备拉回山下板，并且为下个转弯倾斜山下板。

图12-4（g）他自由脚的倾斜和拉回动作已经为他下一个转弯做了完美的准备。

连贯的幻影移动可以实

成功小贴士

• 拉回先前的山下板和滑雪靴，以此接触并且保持依靠着新的支撑板。

• 到下一个凹地时拉回先前的自由脚。

图 12-4 在滚落线上直接连接幻影移动

143

现非常快的刃变换，因此才能做到快速改变方向或转弯。脚要快，这对雪包滑雪来说至关重要。但是，我们怎样才能做到呢？脚上快来源于迅速地放松来创造一个释放并且快速带回滑雪板，这些是雪包滑雪特殊的动作。我之前讲过，这些动作引发了连锁反应，使身体能够和下次转弯衔接。但是如果我们尝试在转弯过渡时思考使用的所有动作，那么我们永远无法进入下一个转弯。如果我们专注于幻影移动的基本要素——抬起与倾斜，那就做对了。从技术上讲，不光脚的移动会造成方向快速改变。腿部上部和内侧的肌肉，以及臀部和后腰，这些都参与其中做出贡献。所有机制不需要经过深思熟虑就被启动激活，尽可能地让头脑保持清醒、单纯，通过学习连接幻影移动来提高你在雪包上移动的能力。

腕关节管理

戴安娜在陡峭的雪包滑雪中表现出极好的节奏性和腕关节管理。对于雪包滑雪专家来说，尽早准备点杖非常重要。滑雪者要感觉到点杖是雪包滑雪支撑系统的一部分。

没有稳固的雪杖就进入滑雪这项重力游戏中就像是上战场不带枪一样可怕。当然不能就这样开始游戏。在滑雪包前，请学习本书的上下身协调部分。图12-5充分展示了雪杖稳定的重要性。

成功小贴士

- 保持雪杖和雪面的长时间接触。
- 在释放杖杆后，将双手和双臂带回握革位置。
- 尽早摆动外侧雪杖，为接下来的转弯做准备。

图 12-5　雪包滑雪时使用雪杖

图12-5（a）戴安娜为下一个雪包做准备。

图12-5（b）点杖后，双腿屈曲且放松来吸收雪包。

图12-5（c）戴安娜以一种积极的方式让滑雪板从身下漂出，但用强健的自由脚拉回以及倾斜动作来控制滑雪板。自由脚的拉回导致自由板处于板尖朝下的位置。

图12-5（d）结果很完美。滑雪板在释放和倾斜后重新找到方向，她的身体可以与滑雪板方向同步保持平衡，外侧腿延伸，保持接触，准备弯曲。

图12-5（e）伸展双腿借此吸收下一个雪包。

图12-5（f）摇动雪杖，为下一个雪包提前做好准备。

雪杖是另一个接触点

拥有牢固的雪杖对成功的雪包滑雪专家来说至关重要。正如第十章"上下身协调"所讲的，雪杖的摆动和时间点必须与转动和释放同步。图12-6是点杖和释放的例子。

在滑雪中正确点杖就像是开着手动挡的车，握着方向盘沿着曲线拐弯一样。数以百万计的驾驶员都学会了驾驶手动挡汽车，跑车买家仍然需要手动挡。这些司机都能够完成这个壮举。同样地，滑雪者也可以学习在雪包滑雪时使用牢固的雪杖。

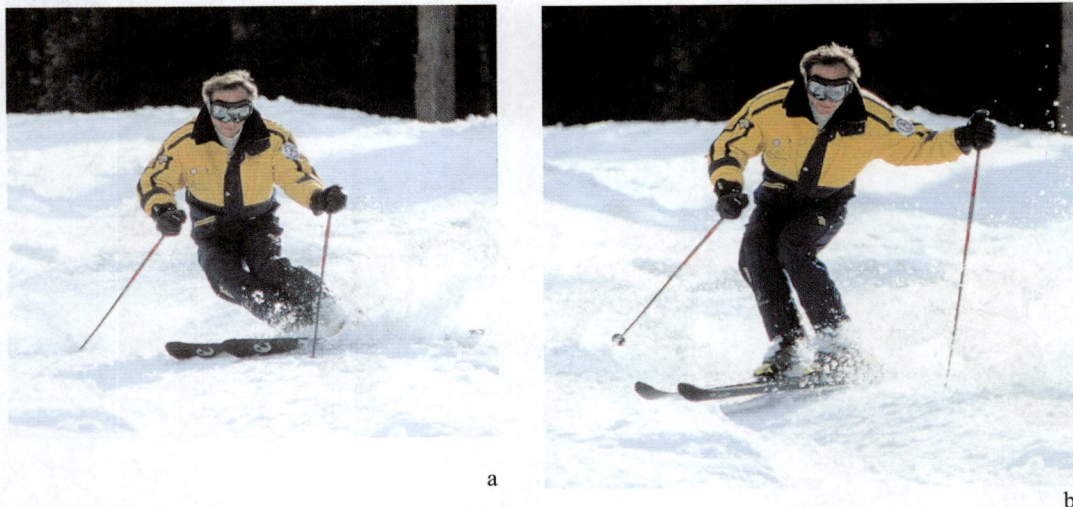

a

b

图 12-6　点杖也是附加的接触点

图12-6（a）以强有力且稳固的点杖来完成转弯。

图12-6（b）下压双板，让它们从身下浮出。雪杖仍旧有力地点地，提供附加支撑。

生物力学优势

• 放平滑雪板，展开上一个转弯中有力的上下身反动力。

漂移与收脚

有时候你必须适应尖锐的雪包，否则就会被弹射到空中。

最好的方式就是停止倾斜，快速放松双腿，弯曲膝盖。正如图12-7b所展示的那样，你会以一种坐姿滑到雪包的另一面。这种无重力或是轻重力情景的好处就是，可以轻松控制滑雪板。在滑雪板轻抬的时候，组织自由脚，准备下一个转弯。在伸展外侧腿以接触下一个雪包的凹地时，将自由脚向支撑脚收回，回到身体下方。这些动作将收回你的滑雪板，并在转弯完成时保持身体平衡。

在雪包滑雪中，恢复平衡需要在两个雪包连接处有力地收回自由脚。像所有的比赛者一样，我第一次学会收回自由脚是在20年前，那时我总是"后座"——这是一个专业术语，意思是身体往滑雪板后侧靠得太多。那些后座的参赛者一般不会停下，他们通常发现自己被困在那里，而脚和滑雪板却毫无征兆地加速前进。你可能也经历过这种感觉。这种激进的转弯方式不知是从哪儿冒出来的。滑雪者稍不留神就会把滑雪板锁定到一侧刃上。此时的滑雪者就像是凭空坐在椅子上一样，完全不受控制地向前喷射出去。那些姿态倾向于向后靠的滑雪者们，经常会发现他们自己容易处于这种状态。脚失控是一种令人恐惧的经历，并且会长期影响你的自信心。如果你在害怕一件事的情况下滑雪，这可能会严重阻碍你的进步，并挫伤你对全山滑雪的热情。

以前解决这个问题的唯一方法是身体向前倾，或是让小腿胫骨靠在靴子的前侧。经常听到的其他建议是：再站直一点，滑雪靴再屈曲一点，抬高屁股，防止臀部朝前，或者是双手在身体前面。不幸的是，这些建议没有一个能够轻易做到的。让你能够在滑雪板前端还是后端重新定位的最快、最有效的方式就是朝后移动脚间距离，向后移动双脚能够使臀部朝前。你应该如何回拉滑雪板呢？在滑雪时，通常你的重量和压力是作用在山下板或者是外侧板。一旦力作用到刃上，滑雪板就很难移动了。在转弯连接处，滑雪板处于漂移状态或者说无重力状态，这时容易控制与移动滑雪板。

在本科课程的短弯部分，我介绍了将自由脚后拉作为全山滑雪的基础要求之一。现在你可以应用它去滑雪包了。图12-7为滑雪包时收回自由脚保持居中状态。

图12-7（a）就像这个雪包一样，当这里有剧烈的踢脚时，准备屈曲，将双膝朝胸部带去，让滑雪板漂移。

图12-7（b）当你组织自由脚的倾斜时，用雪杖来保持平衡。

图12-7（c）倾斜内侧脚，让它对着支撑脚，并且伸展外侧腿将身体朝脚后面带。

图12-7（d）增加内侧腿的屈曲度，倾斜内侧板，做出急转。

图12-7（e）和12-7（f）放松，屈曲双腿以应对雪包。

图 12-7　滑雪包时收回自由脚保持居中状态

成功小贴士

• 当滑雪板轻抬或漂移时，组织自由脚。

释放后伸展双腿

在你准备释放外刃时，注意较低板或者说是山下板。雪杖应该如图12-8（c）那样牢固地插在雪里，在雪包顶部或即将到达顶部的时候，滑雪板应当保持平稳。正如图12-8（d）所示的那样，板尖开始离开雪面超出雪包时，倾斜新的内侧板（或称之为自由脚）至其外刃，并将这只脚收回至臀部下方。这两个动作可以同时完成。将自由脚的脚后跟后拉，这个动作能够保持平衡和转动，确保雪包滑雪的成功完成。雪包的轮廓让这个步骤变得极其重要。滑下雪包顶部到达前侧地带时，雪包的表面会变得更加陡峭。如果速度过快，雪包的边缘可能会将滑雪者弹出去。保持冷静，利用雪杖和自由脚，这样就能够平稳着陆，朝向正确方向滑行。

图 12-8　释放之后伸展双腿为了实现更全面的屈曲

图12-8（a）雪包滑完后伸出双腿接触雪面。

图12-8（b）屈曲双腿吸收雪包。

图12-8（c）通过点杖来控制平衡与释放的时间，转弯过程中让滑雪板处于漂移状态。

图12-8（d）在漂移的时候，倾斜内侧板（原先的支撑板）为改变方向做准备。收回内侧板，并以平衡状态迎接下一个转弯。

图12-8（e）注意克里斯怎样使双板处于相同角度，脚如何前或后及侧向靠近，以及双腿如何伸展去适应与下一个雪包之间的凹地。

> **成功小贴士**
> - 相比之下，内侧腿比外侧腿的屈曲程度更高。
> - 自由脚压紧，挨着外侧滑雪靴。

收回自由脚让板尖下落

图12-9中，戴安娜迅速做出突然的过渡动作。她准备好了动作，避免被雪包弹射出去。她快速地收回双膝并且把原先的山下板倾斜至外刃。当她滑到雪包的顶部时，内侧板后拉使她可以改变上下身的前后关系。她的上身朝前倾斜，同时让滑雪靴保持在臀部下方的位置，这是整个雪包滑雪过程中滑雪者一直寻找的保持平衡技巧。即使再大的臀部或膝盖扭动幅度也不会影响重心。戴安娜在这里展示的收回自由脚并使其保持居中，利用了生物力学的优势。

准备充分的滑雪者会直接收回自由脚，因此就可以让板尖下落去匹配雪包前侧陡峭的轮廓。这个动作贯穿本科教程的所有组成部分。如果你忽略其中的任何一个，那么成功的可能性就会急剧下降。点杖一定要像照片展示的那样结实有力。必须要回拉自由脚并且倾斜以对齐支撑脚。虽然在释放后身体重心会落在滑雪板后侧，但是在滑雪板对释放时的倾斜动作做出反应时，这种情况很快就能修正。如果你在正确的时间释放，那么你的滑雪板也就会在此处漂移：也就是在雪包的过渡区或者顶部。在这一位置要用自由脚发起强有力的回拉动作，与此同时倾斜滑雪板。研究这部分的照片，并且在雪包滑雪前在简单赛道上练习这个动作。

a

b

生物力学优势
• 拉回自由脚有助于身体赶上滑雪板。

图12-9（a）充分伸展地进入凹地。
图12-9（b）屈曲双腿吸收连接。
图12-9（c）倾斜内侧板，在雪包顶部收回以改变方向。

图 12-9 收回自由脚让板尖下落

c

在雪包上刻滑

滑雪者在滑雪包时，往往被教导说要转动双腿，以及在雪包顶部扭动滑雪板并且下滑到另一侧来控制速度。但这个方法有局限性，使得滑雪者处于一个非常低的水准。任何人都能学习这里

图 12-10　在雪包上刻滑

描述和教授的方法。你可以用这些方法来改变你的滑雪方式。你想成为精通蓝道雪包滑雪者还是想成为像这里所展示的高级道滑雪专家呢？如果你用这些方法，你在技术上将不会受到任何限制。你有多大的雄心？这些方法将允许你做决定，而不是因动作不当而受到限制。

图12-10（a）最重要的动作是在雪包的顶端：点杖，然后抬起山下板使之成为自由板。

图12-10（b）倾斜抬起来的脚至其外刃。当你抬起脚时支持力消失，你的身体重心自然而然地就"落"到抬起的滑雪板的那一侧。

图12-10（c）将内侧板收回，让它靠近支撑板。注意外侧板如何因内侧脚的动作而倾斜到外刃的。这些动作最接近你在雪包滑雪中的刻滑动作。我喜欢在雪包滑雪时使用刻滑这项技巧，因为刻滑让滑雪板得到利用并且让滑雪板更好控制——生物力学上的优势。

图12-10（d）倾斜内侧板，站上外侧板，身体向内弯移动。伸展外侧腿，这样你就能在雪包底部有一个全方位的吸收。

图12-10（e）保持上身朝向下坡，使用臀部的抵消动作。

图12-10（f）保持放松，在雪包的作用下使双膝朝胸部自然屈曲。让滑雪板处于漂移状态，收回山下板并且倾斜到外刃。

雪包滑雪中的刻滑——实际路线

图12-11是图12-10各图的合成图。在这个图片中，滑雪者在坡上展现了实际滑雪姿势，从最真实的视角展示了怎样通过使用倾斜和吸收动作做出快速且急剧的转弯。这是陡坡上一条非常激进的路线，但是这并不意味着你需要做出大幅还原。自由脚和滑雪板的动作已经清楚地展示，最快的转换方式就是抬起内侧板。就像控球练习那样，保持自由脚靠近且压着支撑脚。当滑雪靴互相挤压时，刃角和身体角度在保持平衡的基础上迅速增大。注意图12-10（c）中外侧板是怎样处于一个强刃。我的弧形滑雪板在这种滑道上并不出彩，这些都是全山型滑雪板。但我仍然在整个转弯过程中使用侧切技术，也就是在雪包滑雪中展示的刻滑技术。

图 12-11　雪包滑雪中的刻滑（先前转弯图片的合成图）

上下身协调

图12-12与图12-11中的姿势是相同运动的一部分，但是位于更靠下的坡面。我习惯在这个转弯的开始就使用强力的抵消动作来帮助达到这种刃角极限。如果你想要在陡峭的雪包滑雪中滑出紧密的短弧的话，就要使用本科生教程中提到的抵消动作。这个转弯就是关于力的一个例子，抵消动作给下一个转弯重新定了向。就像背靠墙往下坐一样，假想坡上有一面垂直的墙，保持后背靠在墙上。我的上身正面朝下坡，滑雪板在斜坡上做了一个完美的转弯。当我压平滑雪板时，它们就可以从我骨盆下方漂出去。雪杖是重要的附加支撑，可以保持上身的稳定性。这要求你在点杖的时候一定要稳固。在压滑雪板的时候，由于有雪杖支撑我的上身几乎是悬浮的。滑雪板一压雪就要挤压内侧滑雪靴，让它紧靠着支撑脚，同时内侧板朝它的外刃倾斜。注意图12-11中的第三图，雪杖不再支撑我的上半身，我原来的山下板也不再抓地。因此，我的身体朝转弯的内侧移动。有些人会说这是自由下落，实际上并不是这样。我的外侧板已经着刃并且紧抓雪地，外侧腿伸展，保持和雪面的接触。转弯早期的倾斜动作把外侧板带到了正确的刃角。一些人这样解释我的转弯："看他是怎样转动他的双腿来控制滑雪板的。"我可以毫不含糊地说，转弯不是用旋转和腿部控制的。转弯动作是支撑板的平衡和自由脚的倾斜共同作用产生的，我并不认为在滑雪的时候我是在旋转我双腿。在专注于控制滑雪板和腿时，我是无法感受或者意识到双刃和雪面的；相反，我专注于感知滑雪板的刃角。

注意这一章里的照片，释放发生在雪包的边缘。因此，大多数转弯是在这个点上开始的。在顶部处倾斜内侧板可以让滑雪板改变方向。避免在雪包顶部上尝试转弯或者控制滑雪板。扭转滑雪板需要屈曲双腿，让你处于重心降低的姿势。但是，用这种方法，面对接下来的雪包时你就没有伸展或者吸收的能力。控制滑雪板转动的肌群在双腿屈曲时能够最高效地运作。因此，为了有足够的力实现转弯，你的双腿必须保持屈曲。相反，倾斜内侧板刃并以有效方式重新定向滑雪板，就能够给刃提供卓越的抓地力和控制力。如果你倾斜内侧板而不是控制它，外侧腿就会伸展，用抓地刃来保持身体平衡。正如图12-12展示的高能量、高速度的雪包滑雪，这是一场关于滑雪板释放与漂移的游戏。基础动作教学体系建议收缩和倾斜自由脚来重新定位滑雪板重心。尝试一直保持重心稳定，在滑雪包时保持相同的姿势、使用相同的动作也是可能的，但是速度就会慢很多，并且转弯的弧度会更大。这里展示的是雪包滑雪专家在陡峭的高级道雪包雪道上的动作。展示的线非常直，几乎接近滚落线。如果你正在提高你的滑雪技术，那么就去中级道赛道的简单雪包上使用这里描述的动作，渐渐地你就会发现你有能力让滑雪板保持平衡并控制速度了。

图 12-12　雪包滑雪中上下身强有力的抵消动作

成功小贴士

- 保持后背和滚落线平齐。
- 先倾斜新的内侧板。

练习的关键

现在你已经做好了去滑雪包的准备。我已经用这些技术教了许多业余滑雪者和教练，教他们怎样提高他们的雪包滑雪技术。把雪包滑雪的必备技能记在心里。

- 控制自由脚，在开始转弯前就让它靠近支撑脚并且后撤。
- 在释放前，要有一个稳定的点杖。

第十三章
粉　雪

天然雪的奥秘

在我年纪很小的时候，我便知道粉雪是公认的终极滑雪体验。不幸的是，过了很长一段时间我才有机会尝试。初入滑雪领域时，我总能从教练和专家那里听到一些相互矛盾的意见，因此感到无所适从。也许我的不适应是源于信心的缺乏，因为当时没有任何滑雪经验、对在西部滑雪的真实条件也知之甚少。我第一次滑粉雪是1968年，在加拿大亚伯达一个靠近克罗斯内斯特山口的卡斯尔山滑雪场。那些我们小时候在加拿大东部的劳伦山区用来滑雪的湿重的运动器具，现在看来根本没有任何用处。

从东海岸过来的时候，我发现自己与这里格格不入。"如果在滑雪过程中失去控制，最好在冲向一棵树前就向后靠，转动滑雪板，然后坐下"，这是我能从伙伴那里得到的最好建议——一个18岁的年轻人给同伴的建议。从教练和其他经验丰富的滑雪者那里得到的建议也没有给我提供更好的信息。有人说你应该坐在雪地里，还有人说你应该跳跃。当我在深雪里尖叫着穿过树林的时候，这些建议于我没有任何意义。最后，我不得不承认，我朋友所说的坐下来避免撞到树上是最可靠的。一天结束后，我发现这个靠胆量、近距离移动和快速反应加上连续转弯组合而成的运动，才是真正的滑粉雪。在剩下的冬日里，我滑遍了整个西部，但大部分时间都待在班夫和路易斯湖。

那时候，我和所有我认为可以帮助我的人一起滑雪。在那里我遇见了路易斯湖滑雪学校的校长迈克·威格勒。每次与迈克一起滑雪，我总缠着他问东问西。我从他那里学到了很多东西，这段经历让我向一个全山滑雪者转变。

大多数人没有时间或体力像我那样学习滑粉雪，所以我为他们制订了一个更短、更安全的练习计划。

看上去不错

尽管没有明确的指示说明，粉雪技术在近些年确实有了很大的进步。理想情况下，对特定的、有效的动作进行指导是最有帮助的。你可能会注意到我依赖于"怎样"的动作提示而不是观察或解释运动。我的训练经验告诉我，如果你想在滑雪板上看起来游刃有余，就必须做出正确的肢体动作。滑粉雪的专业运动员看起来优雅而轻松，其实这样的滑雪技能并不需要强壮肌肉的大动作，只需通过一系列细微的小动作就可以达到这个理想效果。

图13-1中的雪是被风吹起的新雪。不同地方的雪，厚度也不同。在一些地方，它有约1英尺（0.31米）深，而在另一些地方，它可能只在冰面上覆盖了约3英寸（7.62厘米）。这时候就需要压力了，尤其是在转弯高处。注意我如何描述在滑雪时靠平衡滑雪板的压力并弯曲双腿，使其像一个整体一样横向移动。

压力处理

图13-1（a）重心更多的放在外侧滑雪板或山下板，以此来保持在转弯时身体的平衡。

图13-1（b）用雪杖作为支撑，开始弯曲并放松支撑腿。当支撑腿的弯曲与内侧腿的弯曲相匹配时，保持两块滑雪板受压一致并达到平衡。

图13-1（c）弯曲双腿，让滑雪板浮到雪面。保持相同的角度。可以使用点杖保持平衡。

图13-1（d）当你曲腿，山下靴压向山上靴，让山下板先倾斜。同时确保双腿一致。并用刃角控制你的动作。

图13-1（e）不要急于倾斜，要确保两块滑雪板贴在一起。释放时压平山下板，这样能让你的身体处于一个完美的位置从而轻松地进入下一个弯道。基础动作教学体系技能可以让身体在不同滑雪场景保持平衡，呈弧状进入新弯道。

图13-1（f）随着滑雪板的倾斜，逐渐伸展双腿。刃角会使滑雪板改变方向，接着向内倾斜。接着更大幅度地倾斜内侧滑雪板。注意，当滑雪板凌驾于雪上，自由滑雪板的倾斜程度与双腿协

调一致时，它们就会改变方向。这时候双脚完全没有旋转的必要。

图13-1（g）当从另一个方向转弯回来，角度够大时，开始往回收腿并放松。

图 13-1　压力处理

<table>
<tr><td>

成功小贴士

- 将全腿紧压在一起。
- 在漂移过程中站稳。
- 使用雪杖点杖。

</td><td>

生物力学优势

- 当两块滑雪板保持在相同的角度时，它们会一起转弯。
- 释放时屈曲与放松会让身体进入新方向。

</td></tr>
</table>

粉雪时第一个要求——掌握压力

如果你相信你能让滑雪板转弯并能运用基础动作教学体系的知识来保持平衡，那么，即使在未加修饰的雪地上滑雪也是小菜一碟。你应该从基础动作教学体系获得的技能之一是步法意识和独立抗压能力。你可以减少滑雪板的重量，或者你可以把重心从一只脚移到另一只脚。我们在本科课程中详细展示了如何培养这些能力（参考第八、九章）。滑粉雪时，我们保持两块滑雪板上的压力平衡，同时增加或减少一块滑雪板到另一块滑雪板的压力。伸腿加压会使滑雪板陷入雪中。收腿则会使滑雪板上升。当两块滑雪板压力平衡时，你可以通过快速收腿来维持或增加你的浮力。当我们给两块滑雪板都按一定顺序施加压力时，它们之间就可以达到完美的配合。这个技能在第八章"加重释放"中提到过。

尽管你尝试释放时在两块滑雪板上保持相同的压力，在转弯的其他时候仍需要在每块滑雪板上保持不同的压力。当然，用同样的动作来调整压力再好不过了。我们在基础动作教学体系中均使用短程的连续转弯。弯曲、放松腿，使之更轻盈并产生更大的压力。在滑粉雪中，滑雪板之间的压力变化会更加明显。当压力加重时，滑雪板会陷入雪地；当压力减轻时，滑雪板会升至表面。从第一节课开始，基础动作教学体系的重点就是一只脚到另一只脚的平衡。一块滑雪板到另一块滑雪板的交替平衡是滑雪者最需要掌握的，这也是滑雪最重要的先决条件。通过减少动作减少对板刃的控制并在滑雪板下积累压力。放松后开始新一轮的滑雪，像其他类型的滑雪一样。

对于滑粉雪、软雪和块状雪的人来说，这个简单的热身运动（如图13-2所示）是相当有效的。跳跃能促进腿部的一系列动作。当滑雪板开始啮合或转弯时，腿部的弯曲和内侧滑雪靴的翻转会使滑雪板处于边缘并达到一种相对的平衡。再次跳跃，你就有机会同时对两块滑雪板施加压力。这一热身活动也能让你练习滑粉雪时不间断地点杖。为了保持平衡，你的上半身需要与腿部协调。如果有需要，请重新复习第十章中的上下身协调练习。

图 13-2　跳跃式热身

图13-2（a）从直线跑开始，然后点杖，以便左转。

图13-2（b）单脚跳跃，让滑雪板向左倾斜。

图13-2（c）双腿在空中并拢。向前挥杖，为下一次点杖做准备。

图13-2（d）着地后，内侧滑雪板（这里指左边）应略斜于外侧板，保持腿部与滑雪靴贴在一起。

图13-2（e）弯曲双腿并在滑雪板上保持平衡。让滑雪板的角度与雪地的角度产生一个转弯。

图13-2（f）点杖，跃起，双足平稳离地。

图13-2（g）当你在空中时，开始下一摆杖的动作。

图13-2（h）准备新的内板倾斜，确保双腿和滑雪板一体。

图13-2（i）当你着地时，倾斜内侧滑雪板，注意内侧腿要比外侧腿更弯曲。

图13-2（j）倾斜时保持最小压力，这样内侧滑雪板更容易转弯。

滑粉雪中的释放、重心变换与触地

滑粉雪，从站立点进入一系列的转弯，这可能是第一个也是最困难的障碍之一。就像图13-2所示的跳跃式滑粉雪热身动作一样，从直线跑开始，伸展双腿让滑雪板进入雪地，你会发现雪的阻力有多大。一旦滑雪板停止下陷，你就可以立即做出反应，通过弹跳或弯曲将滑雪板快速拉回雪面，并将膝盖拉至胸部。做2~3次，以加快一点速度，并确定雪的密度。在你感到滑雪板到了你伸展的身体下方并知道雪的密度之后，在滑雪板再次浮起时点杖并开始倾斜滑雪板。过第一个弯道时，所花时间尽可能短——略微改变方向即可。只要你将滑雪板倾斜，进入雪地就意味着滑雪板底部的重力和压力会使其下陷。只要有足够的压力，滑雪板将会更快地转弯。

想象一下，你正准备左转。倾斜到转弯内侧时，保持左侧滑雪板与支撑脚贴紧。始终通过倾斜，让外侧的滑雪板和腿的步伐一致。在这时，内侧滑雪板会和外侧滑雪板分离。保持腿部贴在一起，以帮助两块滑雪板在滑粉雪时做出相同的动作并保持在相等的刃角度。当滑雪板在软雪中时，伸出外侧腿。当它们在粉雪中停止下陷时，立即开始弯曲外侧腿。弯曲会使身体移向滑雪板并向下移动。当你弯曲的时候，把山下板从雪地里拉出来，加速过渡并将你的平衡转移到另一块滑雪板上。伸展新的外侧腿，不断倾斜和弯曲能让你轻松地滑雪。现在，你的身体正处于新的转弯阶段。

滑粉雪的放松和转化动作与本书其余部分相同，当然在转弯结束时可能需要更多地考虑下坡滑雪。除了曲腿，你需要把滑雪板从雪中拉出来。实际上，这就像是从牌桌下踢出一条腿。众所周知，桌子快速地朝着被拆除的腿部侧面塌陷。同样地，当你失去原支撑腿的支撑时，身体会倾斜，这时弯曲腿部就可以自由地滑粉雪了。继续练习这些动作，你会获得滑粉雪的基本知识。

图13-1在这里得到了延续。请注意，不要在下雪时过度地下坡滑雪。如果雪地较光滑，弯曲两条腿以便放松，尤其是外侧腿。由于外侧腿延伸更长，只有提前弯曲才能平衡滑雪板之间的压力。当滑雪板受到均匀的压力时，将膝盖拉向胸前，迅速放平两块滑雪板。利用腿的弯曲和伸展来控制滑雪板的压力，如图13-3所示。

> **生物力学优势**
> • 当身体越过滑雪板开始转弯时，保持滑雪板刃的角度不变，雪会使双板一起转向。

图 13-3　利用弯曲和伸展控制压力

图13-3（a）点杖，抬起双膝，让它离开弯道。

图13-3（b）用雪杖作为支撑，滑雪板从身体下方浮出后，倾斜内侧滑雪板。

图13-3（c）减轻内侧滑雪板的力量使其翘起，为下一次转弯做准备。

图13-3（d）图（c）的动作将会把你的身体拉进两块滑雪板之间，伸外侧腿以保证与雪有接触。

图13-3（e）保持内侧滑雪板贴近支撑板，以便更容易倾斜。注意内侧腿是如何与外侧腿一起伸展的。

图13-3（f）强有力的抵消动作可以帮助你的滑雪板在相同的角度保持平衡。

图13-3（g）当你倾斜滑雪板时，增加内侧腿的弯曲度，使滑雪板与刃角的压力在放松前保持一致。

> **成功小贴士**
>
> • 以山下腿开始，弯曲并逐渐退出弯道。
>
> • 转弯时，使滑雪板继续向内侧倾斜并且伸展外侧脚。

使滑雪板运转通畅

在粉雪和不均匀的雪地上滑雪时的概念是让两块滑雪板就像一块那样运行。我可以将其想象成那是一块滑雪板或者单板滑雪板。即使它们是倾斜的，一块单板滑雪板有重的一边（雪地里的一侧）和稍轻的一边。但是当宽滑雪板在基面或者被雪覆盖时，这会趋于稳定并达到一种常态。滑雪板下的积雪很轻并可控。但在双板上时，滑雪板在完全承重状态下将会陷得更深，从而难以控制。在粉雪和雪块上滑雪是不同的，滑粉雪更像处于一种液态的物质中。如同滑水一样，每个滑雪板必须保持漂移。快速超负荷或向另一块滑雪板施加重力会使它反应受阻，也可能使它陷得更深，从而远离轻的滑雪板。记住，就像我在第一本书里说的那样，不要让你的滑雪板"受惊"。滑粉雪时，给滑雪板施加独立的压力是必要的，但必须以一种微妙的、更高级的方式。

让我们试着用单块滑雪板或滑雪板自带在软雪中的浮动优势创造出相同效果。有了新的滑雪板，实际上每只脚都有机会单脚滑雪，尤其是宽板或全山型滑雪板。如果正确使用，70毫米的板宽足够提供很好的浮动和控制。通过弯曲或降低身体来调节从一块滑雪板到另一块滑雪板的压力是合适的。在开始转弯时，伸展腿以增加和保持滑雪板外部的接触以提供瞬间的平衡。但在转弯前，滑雪板必须在同一刃角并排排列。我将在接下来的照片中展示怎样在不同山地条件下做出这些动作。在转弯前两块滑雪板并排排列时，你可以在弧线上保持一致。在释放的过程中，压力有利于浮起，也是平稳过渡的必要条件。通过弯曲和伸展来调节压力的能力将使滑雪板成为一个宽阔的平台。

在滑粉雪的过程中，会遇到一些情况（如图13-4所示），支撑板或山下板均会被雪困住，做不出理想的释放。在释放滑雪板触雪地之前，花些时间来调整，让它与新的外板对齐。

图 13-4　保持滑雪的动作一致

图13-4（a）转弯即将结束，滑雪板前端该从雪中出来了。开始放松下坡腿。

图13-4（b）弯曲双腿将减小滑雪板与板刃的角度，并使身体更贴近甚至超越滑雪板。试着在滑雪板上保持同样的压力并弯曲双腿，这样滑雪板就会在雪地上显得更轻盈。让滑雪板向前移动并在你屈腿的时候变平。

图13-4（c）用雪杖调整你的上半身，使腿部的弯曲和滑雪板的倾斜同步，以便更好地进入新弯道。在新的弯道中你可以用滑雪板的角度控制你的整个身体。最后抬腿，收进来的滑雪板就会朝向支撑板。

图13-4（d）为下一个拐弯倾斜。内侧滑雪板的倾斜有助于身体快速进入新的弯道。

粉雪的第二个要求——将滑雪板保持在相同角度

使板刃横向来回移动的同时使双脚、双板及滑雪靴保持相同角度的能力，是粉雪的第二个要求。在这里，控球练习（如图6-5所示）是必须的。你要学会让滑雪板和双腿熟练地配合，并在可触的范围内轻轻转动球体后，滑粉雪和块状雪就触手可及了。本书第一部分讨论过释放的动作顺序，在滑雪到达这一阶段时，它变得至关重要。在滑粉雪和块状雪时，你将确定你是否已充分掌握这些技术。本科课程将为提高滑雪水平带来好处。

在哪儿分解？

A型或者八字脚姿势的滑雪者很难使滑雪板保持在相同的刃角。A型姿势不一定是对齐问题导致的。可能是由于山下板被迫移动到板刃边缘。请记住，与硬雪不同的是，滑粉雪和块状雪提供了最小的倾斜阻力，因为雪地很柔软，很容易把山下板倾斜得太远（当然我只是提醒你有这种可能性）。当你第一次尝试滑粉雪时，你很可能会故态复萌，这通常是你企图在边缘或斜坡上转弯而造成的。我们在第四章"释放"中详细讨论了这个问题。除非你充分学习了基础动作教学体系的直接平行动作，否则当你处于压力的情况下仍会出现错误的动作。你并不是个例，甚至一些教练，他们仍倾向于转向山下板。这种生存本能是非常强大的，这是一个根深蒂固的默认运动模式。如果你仍然使用，请继续阅读并马上改变。

历史

在本书的第一部分和之前的本科课程中，我解释了为什么传统的教学使"成为滑雪专家"变得很难甚至是不可能。传统体系在很大程度上依赖于"转身滑雪""转腿""站在山下板上"等命令，使得你练习过量。当这些动作运用于粉雪或块状雪时，你将会遇到一些惊吓。这些传统的训练动作促使你在运用内侧板之前运用外侧板，从而把滑雪板置于一个融会贯通的关系中。不幸的是，当内侧滑雪板与外侧滑雪板对齐时，滑降滑雪就会因超重而陷入雪地。即使你是滑雪板里的"快速转向"，你在滑粉雪或块状雪时也会时不时交叉板尖。

脚的分离

尽量使滑雪板与滑雪靴贴近，否则它们会分离。用滑雪靴的触碰来提示你确保它们能保持足够近的距离。当你的双脚在雪地中距离超过1英寸（2.54厘米）时，它们就不受控制了。因此，如果不把腿压在一起，滑雪板就会分开。这时一旦进入弯道，你的滑雪板极有可能垂直地分开，这时你必须保证内侧滑雪靴靠近外侧腿。如果在转弯时，滑雪板与肩同宽或者更宽。你需要快速地收回自由脚，如图13-4所示。脚要贴在一起，这样能够更容易地调整两块滑雪板上的压力。当两只滑雪靴贴在一起时，一个动作就能控制两块滑雪板。记住，我们的目标是将两块滑雪板合为一体使用。我喜欢让我的双腿保持接触，这样它们就能合为一体作出反应。在这个位置，双腿仍然能够上下调整：伸展和弯曲。当滑雪靴贴在一起时，你的骨盆仍然可以在一个比较稳定的状态下转动。如果不是这样的话，约翰尼·莫瑞斯就不能在他的脚蹬式的颠簸中幸存下来了。

滑雪板就像船舵

地上的雪不会知道你是有两块滑雪板还是一块宽滑雪板，它只会根据你的动作做出回应。如果你在滑粉雪时用两种不同的角度展现你的滑雪板，那么你的滑雪板（尤其是弧状滑雪板）会表现得好像都有自己的想法一样。滑粉雪就像掌舵，角度不同，方向自然不同。这有点像用舵控制船。在这种情况下，每条腿会向不同的方向前进，同时倾斜方向错误的滑雪板向其施加压力，这时它会快速地作出反应。如果你在4英寸（1英寸=2.54厘米）的雪地上滑粉雪仍有困难的话，在10英寸的雪地上使用这些动作只会让情况变得更糟。不同角度的倾斜很容易造成滑雪板的分离并失去控制。但是精通滑粉雪的人很容易就能做出简单的倾斜动作。在滑粉雪时，你必须记住，即使是转弯，刃角对你的影响也不大。滑雪板的底和宽就像飞机的机翼，而底部平面所接触的雪用来控制方向。滑粉雪需要对滑雪有不同的理解，但相同的基础动作教学体系动作可以被成功地运用。

滑雪的动作和反应

在滑雪板被倾斜到与行进方向相反的角度时，雪就会在滑雪板下聚集并使滑雪板向一个方向偏转。这时的处理方法是，尽可能多地把外侧的雪转移到内侧。为了保持相同压力下两块滑雪板的一致性，它们必须同时改变方向：先倾斜内侧滑雪板到外刃。如果滑雪板将转向并失去控制，你要留下一些空间给外侧滑雪板。这一动作将会使你在转弯时身体略微倾斜，并且适当倾斜外侧的滑雪板。内侧脚动作开始之后，两块滑雪板的角度要一致并保持平行。首先，你要让内侧的滑雪板倾斜，这样就会使你的身体进入旋转状态并滑到板刃。然后，外侧腿应该伸展，内侧腿应该收回，以此保持两边的滑雪板在相同的半径下滑出较短的弧线，如图13-5所示。

图 13-5　保持滑雪板在相同角度

图13-5（a）滑雪板漂移后，将内侧的滑雪板倾斜到外刃处。

图13-5（b）杖尖指向下山方向。

图13-5（c）当你放杆时，开始弯曲双腿并放松。

图13-5（d）曲腿，使滑雪板上升到雪地表面。

图13-5（e）点杖，保持平衡。

转弯时要想要双板合为一体，滑雪板的角度必须保持不变。在最后一圈，滑雪板可以漂移，内侧的滑雪板倾斜。把两块滑雪板放在一起有助于控制它们，并有助于调整平衡，只需很少的力就能扭转滑雪板——微小的倾斜和弯曲运动。这些动作可以减少体力消耗并保持平衡。既然你已经让滑雪板转弯，那么就不需要通过身体的摆动来转动滑雪板了。用反作用力稳定躯干，从而形成强有力的释放。从图13-5（c）到图13-5（e），你将看到滑雪板的不断变化。你不必把注意力放在腿部来获取这种释放力。在第十章中，我们介绍了如何放松滑雪板并较好地使用身体的协调动作，这将产生有效的滑雪方式。

把注意力集中于脚以控制腿

在中级雪地中，一旦转身，你就必须准备好快速移动到另一个方向。在山坡上滑得太远之前，你必须调头回到另一个方向。如果在转弯中停留的时间太长，你可能会摔倒在弯道的内侧。为了保持你沿山坡向下的冲力且保持身体直立，你需要做一系列的动作来配合。当你感到在滑雪板下的压力时，将滑雪板带向新的方向，你要通过弯曲支撑腿改变方向，这样可以减轻滑雪板上的压力。因为在整个转弯的过程中，支撑板都被压得很深，它必须准备好接下来的调整动作。你可能需要花力气将它从雪中拉出来。曲腿将减轻滑雪板对雪的压力并减少雪对它的影响。当滑雪板开始变平的时候，两条腿的弯曲程度要一致，同时还要把滑雪板压平在雪地上。当它们都在雪地上时，你会处于弯道之间，你的腿应该弯得最厉害。曲腿会让你的滑雪板浮起并且更接近地面。当它们靠近顶部的时候，它们很容易倾斜并转向下一个转弯。

转动滑雪板会很累

许多滑雪者认为他们在滑粉雪时需要巨大的力量来扭转滑雪板。我曾看到他们几乎扭曲了双腿来改变方向。当你努力尝试克服弯道的阻力时，如果感到肌肉快要燃烧了，这是你训练过多的缘故。在粉雪中转动滑雪板本是件毫不费力的事，你不该觉得转动滑雪板很难。我们在第七章中讨论过如何使用力。下坡滑雪时，放松可以使你利用动力和重力来控制身体沿着斜坡向下移动，而不是试图用僵硬的支撑腿来阻止冲力。

如果你发现自己滑得太辛苦，那么是什么浪费了你的体力呢？早些时候我描述了如何伸展支撑腿和转弯时在哪里使用。在滑粉雪中，大多数滑雪者很少使用伸腿。相反，他们会停在一个弯曲的位置。这不仅会让肌肉变得更累，也不会有任何进一步的放松来创造一个有效的释放。那些停在一个弯曲位置的滑雪者几乎不使用"强力"。如果没有放松，唯一的转弯方法就是跳跃和使用更多的肌肉力量来扭转滑雪板。当它们弯曲时，这些肌肉的力量只会重重地压到滑雪板上。在滑雪时，如果想要转动滑雪板，你就必须使用这些肌肉并在整个转弯过程中保持弯曲。基础动作教学体系可以让你远离这个令人筋疲力尽的旋转，但你必须认识到你的动作是有限的，并且你要用有效的基础动作教学体系动作来代替它们。

弯曲和伸展双腿

在基础动作教学体系中，我们提倡用一种完全不同的方式来弯曲腿部。弯曲腿部会产生转动的力量；笔直的腿虽然很强壮，但却没有转动的力量。现在，你将学习如何处理转向力和板刃力。想象一下向左转。当你的滑雪板在释放后变平时，继续把左边的滑雪板从平的地方倾斜到它的外侧，用一些力让右侧滑雪板自然地做出反应并保持双腿靠在一起。右边的滑雪板将跟随左边滑雪板的方向，倾斜滑雪。同时，当你的身体转弯时，它必须伸展开来以保持与雪的接触。记住，我说的是"伸展"，而不是推挤。在弯道外侧，右腿的伸展会使滑雪板倾斜一个角度，使滑雪板转向滚落线。内侧滑雪板引导倾斜，因此总是要比外侧的滑雪板稍早一点倾斜。转弯已经开始了。雪在右侧滑雪板堆积会牵制住你的腿，特别是当你下落的时候。同样的道理也适用于内侧滑雪板。保持右腿伸展，把雪压在滑雪板下，直到你准备好下一个转弯。内侧腿更要灵活。身体要在最初倾斜滑雪板时做出反应。腿部伸展后，会产生强烈的板刃效应。

下一个弯道中，你必须再次放松和弯曲并倾斜滑雪板。在这里，弯曲腿部有助于滑雪板改变方向。在转换的过程中，腿始终跟随滑雪板动作。在板刃释放过程中，腿从滑雪板的上部移动到下部。滑雪板上的移动改变了刃角度，并使滑雪板被动转向。过渡期间，腿的弯曲程度越大，在滑雪板上移动的次数就越多。因此，弯曲腿部对滑雪板的影响就越大。记住，你关注的是侧向倾斜，而不是腿部的转动。一定要注意弯曲的腿部和倾斜的滑雪板，之后你将如愿通过滑雪板改变方向。

图13-6显示了由风所形成的积雪的新轨迹。它比粉雪密度大，所以滑雪板的反应会更快。

图13-6（a）滑雪板是浮动的，准备好倾斜内侧滑雪板以增加身体和滑雪板对斜坡的角度。

图13-6（b）增加内侧滑雪板的倾斜，你的身体会下降。现在，两块滑雪板都是斜向雪地的。通过伸长腿来抵抗雪的阻力，使得滑雪板更快地转动。

图13-6（c）身体倾向斜坡，腿部伸展，在滑雪板下产生压力，从而使滑雪板转向新的方向。

图13-6（d）保持双腿伸展直到足够的距离，并开始释放。注意雪杖的摆动是如何随着手腕运动而发展的。现在把雪杖插好，开始弯曲双腿以释放和压平滑雪板。

图13-6（e）弯曲双腿，缩短下坡腿，以配合上坡腿的长度和上坡滑雪的压力。

图13-6（f）通过收回或倾斜将下坡腿移开。这个动作可以转化平衡，使身体准备好进入下一个弯道。

图13-6（g）即使有强劲的弯曲，风吹过的粗糙雪地也能为滑雪板提供强有力的支持和能量。

不跳跃也能从雪中浮出来，因为滑雪板能刨平或压紧"风包"。继续倾斜内侧滑雪板，你将在完美的平衡中着地。

图13-6（h）在滑雪板上保持身体倾斜并使外侧的滑雪板倾斜。不要移动外侧的滑雪板使其处于板刃，这时板刃的角度将使身体倾斜。将外侧的滑雪板置于板刃的任何尝试，都将导致尾部的外推以及不一致的刃角。

图 13-6　腿的弯曲和伸展

伸展外侧脚

应尽量将外侧脚伸长以保持与滑雪板的接触，这样才能将滑雪板下的雪压紧。你必须明智地对待你的伸展动作，太快、太频繁都会使你的身体失去平衡从而往山下倾。我们认为利用推力是个不错的选择。让内侧自由脚的倾斜动作、冲力和重力将你的身体带入下一个弯道，小心不要因为外侧脚的伸展而将身体摔下去。倾斜内侧滑雪板并弯曲内侧脚有助于身体随着滑雪板的转动而转动。身体向内侧移动时，外侧腿自然伸展到滑雪板而与雪地保持接触，这能在它改变方向的时候提供一点帮助。伸展的外侧腿有很大的弯曲范围，可以用来承受底部的压力。主动而快速做出弯曲动作时，滑雪板很快浮出并在这个过程中变平，使上半身也得到释放。从照片中可以看到，在你准备进入下一个弯道之前，点杖是非常重要的。

转弯的时机

什么时候该转弯、转到什么程度都由你自己决定。如果你是在一个非常陡峭的斜坡上，提前弯曲外侧腿慢慢控制身体下降的速度。不要等太长时间，否则滑雪板会发生横移，带着惯性的冲力穿过斜坡，此时对释放动作已经没什么作用了。如果你在弯道之间来回移动，你将被迫使用前面讨论过的肌肉技巧进入下一个转弯。身体外侧腿的弯曲和放松程度将决定你转的弯的大小、节奏和速度。缓慢的弯曲将延长转弯的速度；快速、积极的弯曲，几乎可以把双腿从雪中拉出来，能创造一个短促漂亮的转弯。

收腿

收腿或弯曲膝盖是滑雪经常使用的动作，滑雪者经常在非常陡峭的地方使用。许多滑雪者练习起来有困难，因为他们很少想到通过有挑战性的训练来学习。通过练习第七章的收缩和弯曲动作，你将会变得更加熟练。

基础动作教学体系发展出一个在转弯中间伸出外侧腿的动作。该腿部动作有一个完整的弯曲范围。在转弯的最后，使用这一系列的弯曲动作进行转弯是很重要的。如果你很快收回并弯曲腿，就会减轻滑雪板的压力。因此，当你滑到最大幅度时，保持这个浮动的姿势直到你确定两块滑雪板处于相同的角度并能保持平衡。现在，弯曲双腿，开始将外侧或下部的滑雪板倾斜到板刃并开始调整，在结束转弯时放松和弯曲双腿的效果将更好。当弯曲使滑雪板变平并回到雪面时，你就可以开始倾斜了。一旦你的双腿充分弯曲并已经点杖，你就可以让滑雪板浮起来了。图13-7为在雪地中收腿并放松。

图 13-7　在雪地中收腿并放松

图13-7（a）进行强力的屈曲和收缩（腿向上拉）使滑雪板在粗雪上漂移。

图13-7（b）快速、有力地倾斜内侧滑雪板。

图13-7（c）复杂地形上的短弯需要强有力的弯曲。

图13-7（d）当被雪粘住时，曲腿并提膝。

图13-7（e）当滑雪板脱离积雪时，弯曲双腿，向新的方向倾斜。

图13-7（f）当腿弯曲到一定程度时，倾斜会产生一个转弯的效果。一个大的方向的改变可以通过翻转和弯曲腿部来完成。

伸屈腿的旱地训练

快速屈腿和收腿并不是一种自然的运动。在没有粉雪的情况下，最好的办法是在旱地机器上练习强劲的弯曲和收缩动作，这被称为滑雪者的板刃动作练习机（如果你在做这里描述的伸屈腿动作时有困难，尝试使用滑雪的板刃动作）。通过它能够在客厅里进行重复展、收的动作。如果能安装一面镜子，你就可以自己纠正腿部的弯曲和伸展动作了。这台机器还可以让你的脚倾斜，并控制滑雪板的动作，使之保持在同一刃角。如果使用正确，它还可以模拟基础动作教学体系的动作。

点杖与手臂的节奏

在滑粉雪中，一双灵活的和一对好的雪杖是至关重要的。第十章及《基础动作教学体系教练手册》提及的所有理论将帮助你在滑粉雪中更好地使用雪杖。在任何类型的滑雪中，手和雪杖都不应该是一个指挥动作那么简单。如果你遇到了麻烦，需要双手和雪杖以及身体的整体反应来恢复。手臂和雪杖不能放松，它们必须有节奏地运动并稳定上半身。除非你释放滑雪板，否则再多的手臂伸展或摆动也不能转弯。为了使身体在一条直线上并为滑雪做准备，手臂和雪杖的适当使用将保持上半身的位置及有效的平衡。在把雪杖插入雪中后，内侧手向前摆，防止上半身的过度摆动。通常，在一场激烈的粉雪滑行中，这个运动可能会被遗忘。如果遗忘了，手和手臂将被雪杖拖拽回来，身体摇摆着，之后你将会狠狠摔上一跤。我建议你在热身跑时练习连续的手臂动作，以建立适当的运动基础。在转弯前尽早准备好雪杖。把手拉向肩膀，这样你就可以控制雪杖的倾斜程度。这一动作将确保转弯前肩部和手臂的正确位置，正如我在第十章中解释的那样。

陡峭处的滑雪运动

在历经摩托车骑行、高空跳伞、世界杯速降比赛之后，我仍然相信，在陡峭地形上滑粉雪是所有运动中最刺激的。滑粉雪不仅令人兴奋，而且你会发现，如果你在正确的时间、正确的地点滑粉雪是非常安全的。这种理想的滑雪场是干的。湿湿的雪地会增加阻力，会使你的速度变慢。另外，非常陡峭的斜坡、悬崖和岩石则相当危险。我最好的经历是在雪岛——加拿大阿尔塔里的贝索德。我不否认其他滑雪经历的存在，但是科罗拉多州的拉夫兰和伯绍德山口以及犹他州的雪鸟滑雪场是容易进入的。这些天你必须巧妙地利用雪鸟的雪地，因为当地居民知道如何在短时间用完没有痕迹的雪地。有一种选择是猜测天气：在他们封路前，你必须在峡谷里待上一整晚，因为没有人能在被大雪困住的时候进入峡谷。对我来说，最好的就是伯绍德山口，从我住的地方走到那里只需要半小时。即使是在周末，丹佛的交通也不错。一旦你发现你想要的陡峭路段没有路，周围也没有人，不要犹豫——优秀的滑雪者可不会停下来欣赏周围的景色，他很有可能会滑过你的杖杆头，然后把你甩掉。你可能听过这样的说法："在滑粉雪的日子里，没有朋友。"记住，在你接受新事物之前，最好先了解一下你要去的地方，因为你永远不知道下一棵树或陡坡后面是什么。

自由下落

如果你已经准备好滑粉雪，那么你就可以出发了。第一个弯道看起来很困难，而滑雪板似乎没有任何反应。滑粉雪需要惯性，就像刻滑时需要高角度的转弯一样。首先让你的滑雪板前进，同时保持方向不变。一定要让你的雪杖移动并形成连续且强有力的力量。在滑粉雪时，永远不要停止手和手腕的动作。你必须不断地用雪杖为下一个弯道做准备。在这一刻，许多滑雪者试图在需要急速转弯时却做了减速，以达到一个理想的转弯角度。这时，你可能会因为过早逃避而错过自己体验人生中最惊险的旅程。即使是在非常陡峭的斜坡上，滑粉雪也足以使你减速，因此尽量不要通过急转弯来控制速度。如果你这样做了，滑雪板就会陷进去，你也不会漂移，而会狼狈地躺在雪地里。真正的滑粉雪体验意味着你不应该接触新雪下的积雪，这种飞行的感觉就来自新雪之中、积雪之上。控制速度不是问题，你最终会达到最大速度，并在接下来的滑行中保持。雪的密度和深度决定了你的最大速度。转弯可以帮助你降低速度，但不能控制速度。最重要的是，正如我前面说的，要准确知道斜率和滑雪区域。在滑雪板上自由落体并不适合所有人，除非你已经准备好体验这种刺激，并确保你可以找到超过6英寸（1英寸=2.54厘米）厚的新雪。事实上，你真的需要至少一英尺半到两英尺（1英尺=30.48厘米）的厚度才能体验这种滑雪方式。

树林

如果你已经掌握了基本技巧，那么在树林中滑雪就很简单了。首先找到一片开阔的场地。在树林中，你应该使用宽滑雪板。在开阔的雪地里，普通的宽腰型滑雪板很好，因为你可以用速度来保持漂移。在树林中，可能你不希望有那么高的雪上速度。事实上，我在科罗拉多的滑雪胜地Steamboat就遇到过这样的事。当我在户外的时候，我可以在我的长条滑雪板上滑雪。但当白杨树紧紧挨在一起时，我就经常因滑雪板在紧凑的树间停下来而错过很棒的滑雪路线。之后我决定换成宽的弧形滑雪板，立刻起了非常好的效果！突然之间，我可以保持节奏，平稳地在雪地上滑行，甚至绕着大树转圈。树木是令人生畏的，它们应该得到你的尊重，但用它们作为障碍滑雪的标志杆并不是一个好主意。前世界冠军金姆·雷契翰在拍摄沃伦·米勒的电影时，曾用一根大松树做GS杆，但很快发现这是不可原谅的。树林滑雪的战术与山地自行车相似，不要盯着那些树，一定要在树林间寻找光。身体离树的边缘最好超过3英尺，因为你的身体必须倾斜才会绕开。如果不得不靠近那些树，保持你的上半身朝外。好的雪地是在树林中发现的，但也会遇到一些障碍，如倒下的原木和稀疏分布的岩石。我建议等到它们完全被暴雪覆盖后再开始你的滑雪旅程。